高校非常规突发事件心理调适工作指南

四川省高校思想政治工作精品项目（2020—2022年）、西南交通大学新时代"大思政"育人工作项目（DSZ2019-ZLTS-59）、思想政治工作精品示范培育项目（SZJP-TSSZ-010）、校教改项目"新时期背景下高校心理建设创新机制的研究"（20220328）成果

陈　华　雷　鸣　汪小容
张学伟　蒋洪波　柯小君
冯　缙　王　琛　马淑琴
冉俐雯　杨兴鹏

编著

西南交通大学出版社
·成都·

图书在版编目（CIP）数据

高校非常规突发事件心理调适工作指南 / 陈华，雷鸣，汪小容编著. —成都：西南交通大学出版社，2023.1

ISBN 978-7-5643-9106-5

Ⅰ. ①高… Ⅱ. ①陈… ②雷… ③汪… Ⅲ. ①高等学校-突发事件-心理疏导-中国-指南 Ⅳ. ①G444-62

中国版本图书馆 CIP 数据核字（2022）第 251137 号

Gaoxiao Feichanggui Tufa Shijian Xinli Tiaoshi Gongzuo Zhinan
高校非常规突发事件心理调适工作指南

陈 华　雷 鸣　汪小容　编著

责 任 编 辑	居碧娟
助 理 编 辑	邵莘越
封 面 设 计	原谋书装
出 版 发 行	西南交通大学出版社 （四川省成都市金牛区二环路北一段 111 号 西南交通大学创新大厦 21 楼）
发行部电话	028-87600564　028-87600533
邮 政 编 码	610031
网　　　址	http://www.xnjdcbs.com
印　　　刷	成都蜀通印务有限责任公司
成 品 尺 寸	170 mm × 230 mm
印　　　张	11.75
字　　　数	174 千
版　　　次	2023 年 1 月第 1 版
印　　　次	2023 年 1 月第 1 次
书　　　号	ISBN 978-7-5643-9106-5
定　　　价	55.00 元

图书如有印装质量问题　本社负责退换
版权所有　盗版必究　举报电话：028-87600562

前言
PREFACE

近十年来，各类突发事件（如地震、洪灾、泥石流等自然灾害，非典型肺炎、新冠肺炎疫情等公共卫生事件，车祸、空难等交通事故）时有发生，在社会上产生了较大影响，给人们带来巨大的心理冲击。特别是事件的当事人和相关工作人员，他们反复暴露在高强度的应激环境中，身心都面临巨大的消耗，心理压力导致的风险明显高于平常时期。我们需要抓住心理疏导和心理援助的"黄金时间"，及时给予亲历者及相关人员强有力的社会支持，涵养健康心态，降低心理应激致病的风险。我们也要看到，未来的人类社会依然会面临这些突发事件。当前市面上有关各类突发事件发生后自我心理调适与应急管理的自助书籍较为缺乏。为此，我们组织专业人员针对高校师生与家长编写了《高校非常规突发事件心理调适工作指南》。

本书针对高校学生、教职员工、管理人员在面对突发事件时所产生的心理应激反应，既从应急管理的角度，介绍校园应急心理疏导与服务体系的建设，也从个人心理建设的角度，提供心理自助的引导建议，以尽快恢复心理平衡。本工作指南适用于因任何突发事件引发的心理失衡的自我调适，而不是只针对某种突发事件后的心理自助，具有普适性。同时，本书也提供了校园应急心理疏导与服务体系的建设思路、在突发事件发生后的心理危机干预方法以及突发事件的相关政策制度，体现了本书的新颖性。

本书具有实用性、操作性。本书对高校各类群体在突发事件发生后进行心理自助给予了具体的指导和建议，适用范围广，操作性强，容易掌握。同时，本书通过问答的形式，有针对性地给出专业建议，语言通俗易懂，增强了阅读的趣味性和可读性。

相信本书的出版能够在一定程度上丰富高校心理健康工作的内容，给相关领域的研究者和读者带来启发。本书对其他各级各类学校的心理健康教育具有借鉴和启发性，也可作为社会大众的通识读物。

本书能顺利出版，要特别感谢我校文科建设处的大力支助！本书也是四川省高校思想政治工作精品项目（2020—2022年）、西南交通大学新时代"大思政"育人工作项目（DSZ2019-ZLTS-59）、思想政治工作精品示范培育项目（SZJP-TSSZ-010）、校教改项目"新时期背景下高校心理建设创新机制的研究"（20220328）研究成果。全书各部分撰写者分别为：陈华（第一章），汪小容、侯粤川（第二章），张学伟（第三章），蒋洪波、柯小君（第四章），冯缙（第五章），王琛（第六章），马淑琴（第七章），冉俐雯（第八章），杨兴鹏（第九章），雷鸣（第十章）。全书由陈华、雷鸣统稿，王玲桂协助资料整理。本书在编写过程中，参阅了大量国内外学者和专家所做的研究，并借鉴了国内外有关学者的学术观点、研究成果和互联网上的相关资料，在此对相关作者一并表示衷心的感谢。

在全球突发事件时发的今天，如何保持良好的个人心态，形成平和的社会心态，需要我们每一个人不断探索。由于编者的知识、能力、经验的局限，书中难免存在不足之处，敬请广大读者批评指正。

2022 年 8 月

目录
CONTENTS

第一章 突发事件与非常规突发事件

问题1：什么是突发事件？什么是高校突发事件？.................................003
问题2：突发事件一般分为哪几类？.................................003
问题3：高校突发事件有哪些类型？.................................004
问题4：突发事件分为几级？.................................006
问题5：什么是非常规突发事件？.................................006
问题6：非常规突发事件有什么特点？.................................006
问题7：高校非常规突发事件有什么特征？.................................008
问题8：非常规突发事件在处置过程中存在哪些困难？.................................010
问题9：哪些因素会影响非常规突发事件的发生发展？.................................011
问题10：非常规突发事件的产生机制是什么？.................................012
问题11：哪些因素容易引发高校突发事件？.................................013

第二章 非常规突发事件后亲历者的身心反应与需求

问题1：什么是应激反应？.................................017
问题2：是不是非常规突发事件得到有效处置后，应激反应就消退了？.................017
问题3：心理应激反应究竟有几个阶段？.................................019
问题4：应激反应就是非常规突发事件发生后出现的生理、情绪、行为反应吗？.................................021
问题5：在遭遇非常规突发事件后，个体消极心理应激反应的表现有哪些？
.................................022
问题6：高校非常规突发事件引起的身心反应案例与分析.................................025
问题7：非常规突发事件发生后，高校师生最需要的是什么？.................................026

问题 8：非常规突发事件后，高校应该做什么？ ………………… 027
问题 9：非常规突发事件后，对于师生产生的应激反应，高校如何进行干预？
　　　………………………………………………………………………… 029
问题 10：非常规突发事件后，高校学生如何进行自我调节？ ………… 029

第三章　非常规突发事件的风险研判和应急响应机制

问题 1：为什么要对非常规突发事件进行风险评判？ ………………… 033
问题 2：校园有哪些常见的非常规突发事件？ ………………………… 033
问题 3：如何对非常规突发事件进行风险研判？ ……………………… 034
问题 4：如何对不同的非常规突发事件划分预警等级？ ……………… 035
问题 5：为什么高校要建立非常规突发事件的预警机制？ …………… 036
问题 6：高校为什么要对非常规突发事件进行应急管理？ …………… 037
问题 7：怎样制定高校非常规突发事件的应急预案？ ………………… 039
问题 8：如何确保高校心理干预应急机制的有效运行？ ……………… 042

第四章　非常规突发事件下学生的心理调适

问题 1：什么是心理调适和心理调适能力？ …………………………… 047
问题 2：在非常规突发事件下为何更需要提高大学生心理调适能力？ … 047
问题 3：非常规突发事件发生后如何引导学生开展心理调适？ ……… 048
问题 4：面对非常规突发事件，在进行心理疏导与调适的时候应注意哪些情况？
　　　………………………………………………………………………… 049
问题 5：在心理疏导与调适过程中如何防止替代性创伤？ …………… 050
问题 6：当出现非常规突发事件后，大学生应该如何进行自我心理调适？ … 051
问题 7：在非常规突发事件发生后，当个人无法应对的时候，应该如何处理？
　　　………………………………………………………………………… 052
问题 8：在什么情形下，我们可以考虑主动寻求心理咨询？ ………… 052
问题 9：在接受个别心理咨询过程中应该如何配合心理咨询老师？ … 054
问题 10：团体心理咨询对非常规突发事件当事者具有怎样的效用？ … 055

问题 11： 非常规突发事件后，进行团体心理咨询时应该注意什么？ 056

问题 12： 面对非常规突发事件，研究生承受的心理压力有何特点？ 057

问题 13： 在非常规突发事件后，如何有针对性地做好研究生的心理疏导与心理调适工作？ 058

问题 14： 非常规突发事件发生后，如何引导高校在华留学生进行心理调适？ 059

问题 15： 非常规突发事件背景下，在华留学生如何寻求社会支持？ 060

问题 16： 为应对非常规突发事件，在华留学生应增强哪些心理调适能力？ ... 061

第五章　非常规突发事件中的教师心理调适

问题 1： 非常规突发事件中，高校辅导员如何进行角色定位？ 065

问题 2： 非常规突发事件中，高校专业教师应该从哪些方面担当起自己的职责？ 065

问题 3： 非常规突发事件发生后，高校心理教师在紧急心理援助中该如何确定职责边界？ 067

问题 4： 高校辅导员如何应对非常规突发事件中的工作压力？ 069

问题 5： 教学方式因非常规突发事件而发生变化，高校专业教师如何应对由此产生的工作压力与焦虑？ 070

问题 6： 非常规突发事件发生后，高校心理教师如何应对无助感？ 071

问题 7： 因为从事心理服务工作，很多朋友在有心理波动时都会联络我，该如何处理？ 073

问题 8： 非常规突发事件导致生活与工作方式发生变化而产生不适应感，该如何调整？ 073

问题 9： 非常规突发事件发生后，为什么会过度关注负面消息？如何调整由此导致的心情紧张和低落？ 074

问题 10： 非常规突发事件下，因为一些小事就心情烦躁，这是怎么了，该如何调整？ 076

问题 11： 应对压力和焦虑，简单且有效的心理调适的一般方法有哪些？ 077

第六章 非常规突发事件中学校管理服务人员的心理调适

问题1：参与应急处置非常规突发事件会涉及学校哪些职能部处？ 081

问题2：参与应急处置非常规突发事件的学校管理服务人员具体涉及哪些？ 081

问题3：在应急处置非常规突发事件中，学校行政管理服务人员的工作职责有哪些？ 081

问题4：在应急处置非常规突发事件中，学校领导干部会面临哪些心理压力？ 083

问题5：应急处置非常规突发事件的流程有哪些？ 084

问题6：应急处置非常规突发事件的评价指标有哪些？ 085

问题7：在应急处置非常规突发事件中，高校行政管理人员有哪些心理压力？ 085

问题8：为什么要对高校行政管理服务人员开展心理调适？ 087

问题9：在应急处置过程中，学校行政管理服务人员如何进行心理调适？ 089

问题10：为什么要重视领导干部的心理健康？ 090

问题11：在处理非常规突发事件过程中与工作对象发生冲突，难以开展工作，心理压力大，该如何调适？ 091

问题12：在处理非常规突发事件的过程中，如何处理面对的大量负面信息和情绪？ 091

问题13：非常规事件发生后，行政人员如何安稳自己的身心？ 091

第七章 非常规突发事件后家长如何与孩子相处？

问题1：怎样认识和了解青年？ 095

问题2：如何深入理解青年？ 097

问题3：青年心理发展的动力是什么？ 100

问题4：青年心理发展具有哪些特点？ 101

问题5：非常规突发事件后，家长如何与孩子和谐相处？（以新冠肺炎疫情为例） 107

问题 6：非常规突发事件期间大学生与父母产生冲突的主要原因是什么？...... 109

问题 7：家长如何帮助孩子做好居家在线学习？................................... 110

问题 8：当孩子出现情绪问题，家长如何帮助孩子改善其不良情绪？........... 111

问题 9：非常规突发事件期间，家长如何理解和应对社交隔离对亲子冲突的影响？... 112

问题 10：家长如何帮助有心理问题的孩子？.. 114

第八章　非常规突发事件中的心理援助

问题 1：自我心理调节没起到作用，政府会有相应措施帮我吗？................. 119

问题 2：我想要寻求心理援助，从哪里可以找到联系方式呢？.................... 122

问题 3：除了电话热线以外，是否还有别的心理援助方式？....................... 123

问题 4：如何识别心理援助机构是否靠谱？.. 124

第九章　非常规突发事件中的心理危机干预

问题 1：出现非常规突发事件后，为什么要开展心理危机干预？................. 139

问题 2：非常规突发事件后，哪些是心理危机干预的重点人群？................. 139

问题 3：对不同危机人群的干预原则是什么？.. 141

问题 4：开展非常规突发事件心理危机干预工作需要做哪些准备？.............. 141

问题 5：非常规突发事件心理危机干预需要经过哪些阶段？...................... 143

问题 6：高校非常规突发事件心理危机干预流程是怎样的？...................... 146

问题 7：非常规突发事件后心理危机干预应注意哪些问题？...................... 147

问题 8：为什么非常规突发事件发生后的学校心理危机干预需要组织领导？. 149

问题 9：非常规突发事件后，学校心理危机干预工作如何有针对性地开展？. 150

问题 10：在心理危机干预工作中，常用的心理干预技术有哪些？................ 151

第十章　非常规突发事件应急心理管理与服务

问题 1：校园需要社会心理建设、构建社会心理服务体系吗？.................... 157

问题 2：校园社会心理服务体系与心理健康服务体系有什么不同？ 158

问题 3：校园社会心理服务体系应该包含哪些内容？ 159

问题 4：为什么要积极培育校园心理健康文化？ 160

问题 5：为什么要提升师生心理健康素养？ 161

问题 6：为什么要进行校园社会心态的实时监测？ 162

问题 7：为什么要构建校园应急心理响应机制？ 164

问题 8：如何建立应急心理预防体系？ 165

问题 9：如何建立应急心理预警体系？ 166

问题 10：如何建立应急心理疏导与干预体系？ 168

问题 11：如何完善应急心理重建与评估体系？ 170

附录：心理服务热线推荐（2022年） 172

参考文献 175

第一章
突发事件与非常规突发事件

【内容提要】

　　非常规突发事件往往会给社会秩序带来巨大冲击,已成为我国社会稳定面临的重大挑战。从事件的起因来看,我国非常规突发事件暴发原因主要是基于利益矛盾的冲突和突发自然灾害、公共卫生事件等。此外,一些偶然因素也会引起非常规突发事件的发生。由于互联网以及媒体的介入和放大,会使得一些偶然性事件产生全国性影响。此时如果处理不得当,甚至会在国际上产生消极的影响。在校园里发生的非常规突发事件也会出现类似的情形。值得注意的是,在非常规突发事件所带来的校园冲突中,学校往往是社会矛盾冲突的关键当事方,这是当下校园非常规突发事件的普遍现状,也是当下应对校园非常规突发事件的重大风险所在。学校和政府如何处理危机,成为人们关注的焦点。

　　媒体的职责要求其对社会热点事件进行追踪。社会事件经过媒体报道和传播,影响力往往大为增加。特别是随着互联网普及,每个人都可能成为信息传播者,都可能成为意见表达的主体,媒体的力量正在与日俱增。在处理非常规突发事件时,不仅要关注突发事件本身,还应全力消除相应的负面社会影响。所以需要了解非常规突发事件发生机制,从微观层面上寻找非常规突发事件发生的深层次原因,以把握其规律,有效地应对非常规突发事件可能带来的危机。

高校非常规突发事件心理调适工作指南

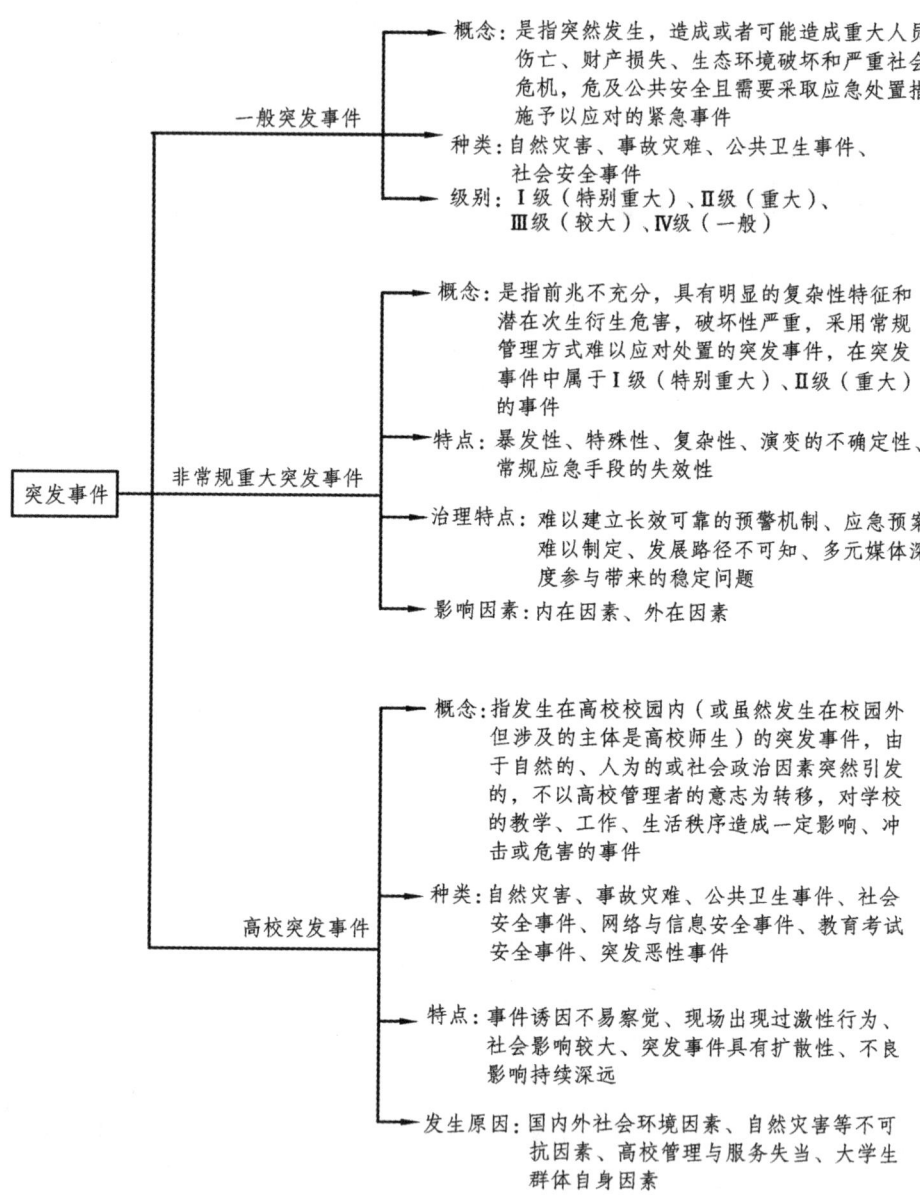

【内容解答】

问题1：什么是突发事件？什么是高校突发事件？

"突发事件"是指突然发生，造成或者可能造成重大人员伤亡、财产损失、生态环境破坏和严重社会危害，危及公共安全且需要采取应急处置措施予以应对的紧急事件。比如，2020年突如其来的新冠肺炎疫情，不仅在全世界造成大量的人员病亡，而且给整个世界经济、政治、社会生活带来全方位的深刻影响。

"高校突发事件"是指发生在高校校园内（或虽然发生在校园外但涉及的主体是高校师生），对学校的教学、工作、生活秩序造成一定影响、冲击或危害的突发事件。比如学校实验室发生爆炸、学生大面积发生食物中毒、学生遭遇暴力致死致残或自杀等事件。

问题2：突发事件一般分为哪几类？

根据《中华人民共和国突发事件应对法》《国家突发公共事件总体应急预案》，突发事件主要分为以下四类：

一是自然灾害。主要包括水旱灾害、气象灾害、地震灾害、地质灾害、海洋灾害、生物灾害和森林草原火灾等。比如，2008年5月12日14时28分，我国四川汶川发生8.0级特大地震。这次地震持续时间长、破坏性巨大，是中华人民共和国成立以来破坏性最强、波及范围最广的一次地震。地震带来的直接受灾地区达10万平方公里，造成直接经济损失达8 451亿元人民币；死亡人数69 227人，374 643人受伤，17 923人失踪。

二是事故灾难。主要包括企事业单位发生的各类安全事故、交通运输事故、公共设施和设备事故、环境污染和生态破坏事件等。比如，2015年8月12日23时30分左右，位于天津市滨海新区天津港某公司危险品仓库发生火灾爆炸事故，造成165人遇难（其中参与救援处置的公安现役消防人员24人、天津港消防人员75人、公安民警11人，事故企业、周边企业员工和居民55人），8人失踪（其中天津消防人员5人，周边企业员工、天津港消防人员家属3人），798人受伤（伤情重及较重的伤员58人、轻伤员740人），304幢建筑物、12 428辆商品汽车、7 533个集装箱受损。已核定的直接经济损失高达68.66亿元。

三是公共卫生事件。主要包括传染病疫情、群体性不明原因疾病、食品安全和职业危害、动物疫情，以及其他严重影响公众健康和生命安全的事件。比如，2020年暴发的新型冠状病毒肺炎疫情。

四是社会安全事件。主要包括恐怖袭击事件、经济安全事件和涉外突发事件等。比如，2014年3月1日21时20分左右，在云南省昆明市火车站发生的一起以阿不都热依木·库尔班为首的新疆分裂势力一手策划组织的严重暴力恐怖事件。该团伙共有8人（6男2女），现场被公安机关击毙4名、击伤抓获1名，其余3名落网。此案共造成31人死亡、141人受伤。

问题3：高校突发事件有哪些类型？

一是自然灾害。尽管高校的办学地点一般都选择在城市，但是因为地理位置、地质的原因，难免会遭遇地震、洪水、台风、暴雪等自然灾害。沿海地区的高校容易遭遇台风（或叫热带风暴）灾害的影响，处于地震活跃地带的高校容易遭遇地震灾害的影响，地处南方沿江地区的高校容易遭遇洪水灾害的影响。比如，2005年10月2日，受第19号台风影响，福建某高校遭受特大山洪袭击，造成85名学生遇难。

二是事故灾难。高校实验室、学生宿舍等场所容易发生的诸如由各类电器引发的火灾、爆炸、楼舍倒塌、人员踩踏等事故。比如，2018年12月26日9时34分，北京某高校学生在学校东校区2号楼环境工程实验室进行垃圾渗滤液污水处理科研实验期间，实验现场发生爆炸，事故造成3名参与实验的学生死亡。又比如，2005年11月2日15时许，北京某高校第6号学生宿舍楼三楼突然发生了爆炸起火，火灾原因疑为汽油爆炸，两名研究生在大火中丧生。

三是公共卫生事件。高校是人员高度聚集的地方，也是最容易发生公共卫生事件的地方。在高校常见的有食品安全类公共卫生事件。食品安全非常重要，因进货渠道把关不严导致不卫生、不安全食品进入高校食堂从而引发食物中毒事件在部分高校时有发生；因饮用水水源问题导致的部分学生集体腹泻、肠道疾病也曾多次见诸报端。比如，某高校医院集中出现一些腹泻症状的学生，当地疾控部门开展了调查，结合病例的临床表现，以及病人粪便和水样检测结果，疾控人员推断此次事件的诱因是水源性（致泻性大肠杆菌）感染性腹泻，可能是食堂的餐具、食物在清洗过程中被污染导致的。此外，因传染细菌导致的公共卫生事件也会影响高校的正常教育教学秩序。比如，2003年出现的"非典"疫情，高校作为重要的聚集区域曾经引起社会的重点关注。

四是社会安全事件。发生在高校的社会安全突发事件，主要是指在高校校园内或者是与高校师生直接相关、影响社会稳定和学校正常秩序的群体性事件、恐怖袭击事件、治安刑事案件、民族宗教事件、涉外突发事件，以及其他社会安全突发事件。这类事件往往与国际国内重大时事有关。比如，1999年我国驻南斯拉夫大使馆遭轰炸，2008年法国政府支持"藏独"的言论，2012年中日钓鱼岛事件等事件发生后，部分高校师生出现集会、上街游行抗议、抵制法货日货等行为。

五是网络与信息安全事件。网络与信息安全事件主要是指高校主管或主办的网络与信息系统发生的有害程序侵入事件、网络攻击事件、信息泄露或破坏事件、信息内容安全等事件。特别是在招生录取、成绩登录以及在一些社会时政敏感事件发生时，高校的信息系统遭到破坏，信息内容受到篡改，就会造成很大的社会影响。比如，2018年9月，某高校发现部分学生身份信息遭到泄露。公安机关迅速展开调查、询问、取证等工作，发现这是一起有组织的个人信息泄露事件。

六是教育考试安全事件。教育考试是高校的一项经常性工作。在组织和实施考试过程中，容易出现这方面的安全突发事件。包括在国家考试或者学校考试中，在命题管理、试卷印刷、运送、保管、评卷组织管理等环节出现的试卷（答卷）安全保密事件，考试实施中出现的舞弊（特别是群体舞弊)、阻碍考试等突发事件,以及网络有害信息等影响考试及社会稳定的其他突发事件。比如,2012年高考期间,某省发生了一起集体替考案。41名来自多所名牌大学的学生卷入"枪手"行列,包括当地中学老师在内的一些人充当"中介",分别在"枪手"的证件办理和"考务"方面提供一条龙的"组织服务"。此事件在社会上引起了极大的影响。

七是突发恶性事件。突发的恶性事件是在读大学生突然因自杀、他杀、交通意外等原因而死亡的事件。这类事件如果不能及时有效地处置,就可能引发网络舆情,严重影响学校的声誉和正常的教学、工作秩序。

问题4:突发事件分为几级?

各类突发公共事件按照其性质、严重程度、可控性和影响范围等因素,一般分为四级:

Ⅰ级(特别重大):死亡30人以上,由国务院负责组织处置。
Ⅱ级(重大):死亡10至30人,由省级政府负责组织处置。
Ⅲ级(较大):死亡3至10人,由市级政府负责组织处置。
Ⅳ级(一般):死亡1至3人,由县级政府负责组织处置。

问题5:什么是非常规突发事件?

国家自然基金委对非常规突发事件的定义是:非常规突发事件是指前兆不充分,具有明显的复杂性特征和潜在次生衍生危害,破坏性严重,采用常规管理方式难以应对处置的突发事件。在突发事件中属于Ⅰ级(特别重大)、Ⅱ级(重大)的事件。例如2002年传染性非典型肺炎(SARS)、2008年"5·12"汶川地震、2020年新冠肺炎疫情都属于非常规突发事件。

问题6:非常规突发事件有什么特点?

与常规突发事件相比,非常规突发事件通常具有以下六个特点:
一是暴发的突发性。非常规突发事件的能量聚集期没有可预测因素,也没有明显的起因、导火索。非常规突发事件往往是通过某一契机诱发的。这种契机以什么方式出现，什么时候出现，往往存在着很大的偶然性，发生的时间、趋势、影响范围难以完全预测。比如2021年7月郑州发生大暴雨，这场大暴雨覆盖河南省多个县市，持续时间长，是中华人民共和国成立以来未曾遇到过的特大暴雨，造成人员伤亡、停水停电断路，带来的经济损失不可估量，给广大群众的生活带来极大的不便。

二是事件具有特殊性。非常规突发事件发生的频率极低，历史上少有同类事件发生。在处置过程中缺乏可借鉴的方法和经验，也使处置这类事件更具挑战性。

三是环境的复杂性。由于非常规突发事件涉及政治、经济、社会等各个领域，具有性质复杂、人群广泛、内容多样、结果难以预料的特点。

现代文明是由人类与自然组成的耦合系统，呈现出复杂巨系统的典型特征，越复杂的系统往往越脆弱。事件环境的复杂性不仅包括一般突发事件发生的突然性和后果的未知性，还表现为超过公共部门对既有风险的认知和对这类事件的可控程度。由于自然环境的脆弱性、城市功能交叉重叠的现实性，使社会环境中大多数公民对于非常规突发事件不具备应对的知识和技能，公共管理机构亦缺少相应的应急管理规则，从而可能导致环境之间或社会系统之间产生交叉影响。

四是群体扩散性。非常规突发事件发生后，网民通常会持续探讨，发表意见，关注事态发展。倘若事件处理不妥则易引起社会不稳定，并且有可能引发次生事件。

五是事态演变具有不确定性。事件扩散、衍生、耦合、转化方向不确定。非常规突发事件往往由于引发原因、行为性质、行为方式以及控制手段的变化，出现难以预料的结果。非常规突发事件的发生、发展、演化是一个动态过程，在自然时间上往往是突然暴发，而且引发的次生事件迅速升级，出乎应对人的经验性判断和预料。

就现实的突发事件持续时间特点而言，在应急管理四大阶段中，属于"预防与准备"和"监测与预警"阶段的时间非常少；"处置与救援"和

"恢复与重建"阶段持续时间特别长，而且由于事件反复升级和加强，两个阶段互相重叠，常常并发连锁反应，使事态发展持续不断且可控性很低。

六是常规应急手段的失效性。针对一般性突发事件，我国已形成了较为成熟的预防与准备、监测与预警、处置与救援、恢复与重建的有效模式，能够较好地进行社会动员，组织社会力量参与，基本实现有序应急、科学应急。但是当面对非典型、非常规的事件时，常规的应急手段则会随着事态的发展陆续出现部分失效和完全失效的情况，出现 Steven Fink 所称的"分析瘫痪"现象，即出现救援任务不明、资源调配不力、行政命令传递不畅等问题。这是非常规突发事件处置最难应对的难点，如果不能够及时判断形势，升级应对手段，会使事件向灾难性方向发展。

问题 7：高校非常规突发事件有什么特征？

一是事件诱因不易察觉性。社会突发性事件很可能事出有因，有明显的先兆，但是高校突发性事件在更多的情况下是毫无先兆的。在之前提及的七类突发事件中，绝大多数事件的发生具有偶然性，让人感觉很突然。高校突发事件的发生时间、影响范围、参与人数等都是难以预测的。但是有一点值得注意，校园积极心态的建设非常重要。从目前已知晓的校园突发性事件来看，不少突发事件的起因都比较简单，或是口角，或是生活习惯的差异，甚至一件看似与大学生或学校并不相关的事件，最后也可能演变为具有破坏性的群体性事件。在这些突发事件中，往往能看到学生的不满情绪在推波助澜。

二是现场出现过激性行为。在突发事件中，由于参与人的认知、情绪处于应激状态，极易出现过激性行为。加之，大学生正处于青年初期，在自我意识、思维水平以及社会阅历方面还存在一定的不足。大学生之间发生矛盾和冲突，有可能出现聚集、罢课罢餐甚至打砸等过激行为，造成严重后果。

三是社会影响较大。突发事件一旦发生，不论其性质和规模大小，必然会给学校管理工作带来干扰，给师生的正常生活秩序带来麻烦，破坏学校的安全稳定，造成学校声誉的损失。同时，由于大学生的社会交往集中在同学、老乡等群体，加之网络信息传递的快速便捷，突发事件还可能波及同城甚至全国的高校。此外，如果相关信息在传播过程中被人为地选择性利用或放大，就会进一步扩大突发事件的破坏范围和强度。高校是备受社会关注的地方，大学生是社会给予厚望的群体，校园里发生的突发事件，容易引起社会关注，社会影响不可低估。

四是突发事件具有扩散性。在社会感染理论看来，在群体活动中，不仅情绪具有传染性，行为也具有传染性。也就是说，在一个群体中，一个人的情绪、行为会对其他人的情绪、行为产生影响。在人群聚集的地方，参与者越多，相互影响的可能性就越大，人们相互影响和相互感染的可能性也越大。人与人之间的情绪与行为相互影响，不局限于是否在同一个场所。凭借现代网络媒体的信息传播，很多人也极容易在非常短的时间内迅速受到情绪、行为的影响，导致突发事件迅速蔓延。从目前来看，一些校园突发事件都是通过 QQ、微博、微信及其他手机 App 等媒介传播，扩散性很强。一旦事件信息急剧传播，加之在传播中事实真相遭到歪曲，就很有可能在短时间内造成难以控制的局面，造成无法挽回的重大损失。

五是不良影响持续深远。高校大学生有知识、有思想、有参与社会活动的热情。他们关注社会发展，对非常规事物有天然的好奇心。但是，大学生的心理正处于迅速走向成熟但仍未发展成熟的阶段，他们情绪化特征明显、易冲动，心理比较脆弱；他们社会阅历浅，对社会的观察和认知还处于懵懂状态，社会化尚未完成；他们认识问题的能力具有一定的片面性和局限性，往往只看到事件的表象，并希望达到个人主观认为的满意结果。如果校园突发事件处置不当，没有合理地引导和心理疏导，会直接影响到他们的世界观、人生观、价值观，甚至可能影响他们一生的思想和行为。

问题 8：非常规突发事件在处置过程中存在哪些困难？

一是建立长效可靠的预警机制难。预警就是在灾害或灾难以及其他需要提防的危险发生之前，根据以往总结的规律或观测得到的可能性前兆，发出紧急信号，报告危险情况，以避免危害在不知情或准备不足的情况下发生，从而最大程度降低危害所造成的损失的行为。对于有些突发事件来说，例如洪水、台风等自然灾害事件，已有完整的预警方案，当这些灾害即将发生时，相应的预警方案会自动告诉有关部门、机构应采取怎样的应急措施。但是非常规突发事件由于其特殊性（在历史上从未发生或较少发生），为预警带来非常大的困难，所以当这类事件发生时，相关管理部门与公众往往措手不及，容易带来严重后果。

二是应急预案制定难。应急预案的制定是为了降低突发灾难性事件的危害，基于造成突发事件的原因、突发事件发生和发展过程以及所产生的负面影响的科学分析，有效集成学校和社会各方面的资源，运用现代技术手段和现代管理方法，对突发事件进行有效检测应对、控制和处理。而非常规突发事件由于具有暴发性、特殊性以及演变不确定性等特征，故应急预案难以有效制定与实施，为应急管理带来极大困难。

三是发展路径预测难。预警困难、应急预案难以制定给非常规突发事件的管理和控制带来挑战。切实有效的应急管理管控方案建立在对现实情况把握的基础之上，而非常规突发事件的环境复杂性、群体扩散性以及演变不确定性决定了非常规突发事件发展路径难以追踪和控制，为非常规突发事件的治理带来极大的困难。

四是多元化媒体深度参与带来的稳定问题。在当下，媒体的作用已经深度嵌入社会的政治、经济、文化及公众日常生活之中。非常规突发事件不但在媒体上呈现，而且在非常规突发事件的发展过程中，会被媒体扩大和推进，在事件发生、发展和消亡的整个过程中，媒体都贯穿始终。媒体的力量将非常规突发事件这一偶然事件的社会影响力扩大，从而被公众议论、认知和参与。如果媒体全面客观报道、正确引导民众，对稳定民众情绪、社会安定发挥着重要的积极作用；否则会引发舆情，给社会的安全稳定带来极大的负面影响。

非常规突发事件及其治理特点，如图 1-1 所示。

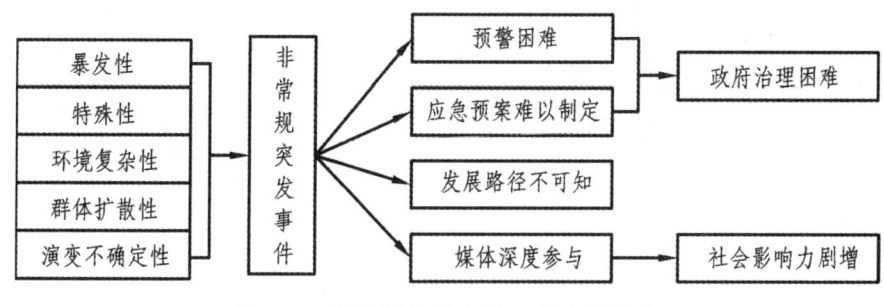

图 1-1　非常规突发事件及其治理特点

问题 9：哪些因素会影响非常规突发事件的发生发展？

一是内在因素。内在因素可以理解为致使非常规突发事件产生的因素，包括事件所涉及的时间、地点、人物，以及将这三者联系到一起的事件本体，也就是在什么时间、什么地点、什么人发生了一件什么事，至此非常规突发事件就发生了。当然非常规突发事件的发生并非涉及所有内在因素，当其中几个因素相互碰撞时，就会致使非常规突发事件发生。

二是外在因素。外在因素推动事件发展，并且在媒体的作用下使事件产生相当大的社会影响。外在因素是既定的社会环境，并且不以人的意志为转移。非常规突发事件在外在环境中孕育，被内在因素激发。当事件发生后，一旦触及某个或某些外部环境因素，例如既定的社会价值观、伦理道德等，甚至因为政府的处理行为不得当，由于各种媒体的介入和放大，使得非常规突发事件产生极大的社会影响。非常规突发事件的内部因素和外部因素的关系，如图 1-2 所示。

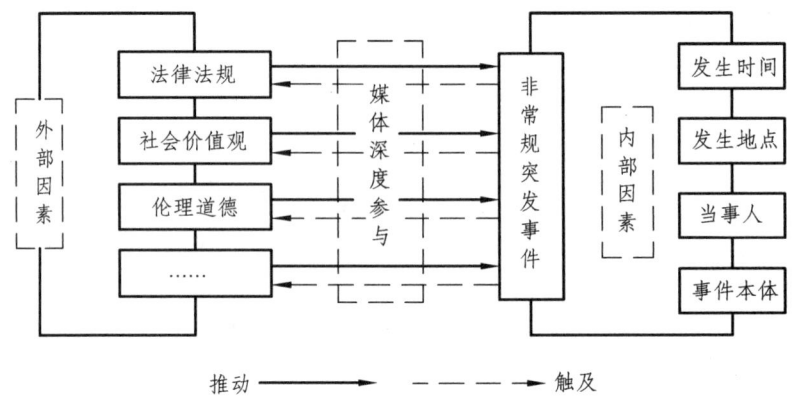

图 1-2　非常规突发事件内部因素和外部因素的关系

问题 10：非常规突发事件的产生机制是什么？

对于非常规突发事件来说，其发生通常是由于内部的矛盾积蓄、上升，最终演化成更高层次的外部矛盾。与此同时，外部的矛盾推波助澜，导致事件难以控制，并且造成极坏的社会影响，这两种因素之间存在相互作用、相互影响的关系。因此可知，仅存在内在引致因素不能使非常规突发事件形成巨大社会影响力，仅存在外部引致因素也不能使非常规突发事件发生。非常规突发事件产生巨大社会影响力，正是由于这两方面原因进行相互作用，产生巨大合力。非常规突发事件的耦合机理，如图 1-3 所示。

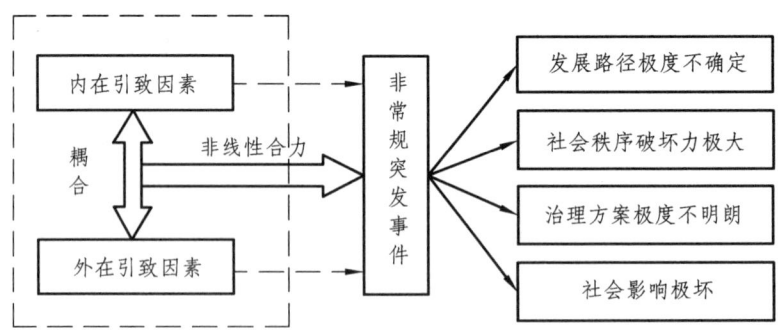

图 1-3　非常规突发事件的耦合机理

第一章　突发事件与非常规突发事件

问题11：哪些因素容易引发高校突发事件？

一是国内外社会环境因素。高校发生的突发事件与社会经济的发展密切相关，具有鲜明的时代特征。目前我国正处在社会转型的重要历史时期，改革进程中也会不断出现新的问题和矛盾，加之在过去发展过程中遗留的社会问题，使得社会矛盾多发。诸如贫富差距、违法乱纪、教育公平、非法贷款和非法传销等热点、敏感问题容易受到大学生的关注；当今经济全球化和政治多元化深入发展，我国在国际上与其他国家在政治、经济、文化等方面的利益交集越来越多，从而不可避免地产生一些矛盾争端；各种社会文化的碰撞、冲击，境内外敌对势力在意识形态方面的渗透等，对大学生的思想和价值观念带来了前所未有的冲击，一些细微的矛盾就可能会酿成突发事件。从高校外部环境来看，西方国家和敌对势力的价值观渗透是形成高校突发事件的主要原因。

二是自然灾害等不可抗因素。火灾、泥石流、地震等自然灾害容易引发高校群体性事件的发生。主要起因多是在处置突发事件的救援、安置、帮助等环节，管理、服务不到位所致。

三是高校管理与服务失当。从当前我国高校的实际情况看，涉及招生与就业、课堂教学、心理疾患、校园安全等问题容易导致突发事件。高校一校多区的现状，造成高校管理难度增大。加之我国高等教育已从精英教育发展为大众教育，与高校教育规模扩大相对应的教育资源增长缓慢，资源匮乏导致高校在软件和硬件条件上没有与时俱进，如课堂、食堂、图书馆、宿舍、运动场所等设施不能满足扩招后大学生的需求，教学质量、学生管理、后勤设施、治安状况等问题亟待解决。从学校层面来看，在管理中还缺乏以学生为本的思想，表现为对大学生关心和爱护不够，服务意识和服务质量不高，反映大学生愿望、要求的渠道少，解决不得力。久而久之，大学生的失望就会变成怨气。一有风吹草动，就可能通过各种形式特别是借助网络进行发泄、公开，从而引起突发事件等。

四是大学生群体自身的因素。在社会转型过程中，各种利益格局发展变化，高校大学生的思想观念、价值取向和行为选择也呈现多元化发展趋势。这些变化，导致了高校学生突发事件的个体因素也发生变化，主要表现在以下几点：首先，大学生的道德素质缺失。一些大学生过多关注自身利益，以自我为中心，集体观念差，没有同情心，容易做出一些极端行为，引发突发事件。其次，部分大学生压力重、承受能力差。目前，我国高校大学生主流是"00 后"，心理发育不成熟，心理问题多，自立能力和承压能力差，如不合理引导，会使他们的思想和行为受到一定影响，做出一些偏激的行为，引发突发事件。如近些年大学生的自杀、他杀事件。最后，大学生情绪偏激，遇事易冲动、易起哄闹事，他们看待问题容易片面化、极端化，会形成社会心理学上所谓的"偶集群"效应或群体决策中的"极化现象"，从而导致无明确目的、无组织的、有悖于现有社会规范的短暂性狂热行为，甚至破坏行为。如观看体育比赛因支持队伍比赛失利而情绪失控，甚至斗殴等现象。

第二章
非常规突发事件后亲历者的身心反应与需求

【内容提要】

当今世界风云变幻,社会纷繁复杂,存在着许许多多我们不可控的因素,地震、洪水、海啸、疫情、车祸、空难等非常规突发事件时有发生,高校师生也难免会经历这些非常规突发事件,受到其直接或间接影响。当非常规突发事件发生后,突发事件的亲历者都会出现不同程度的应激反应。这些应激反应既伴有心率加快、垂体和肾上腺皮质系统激活等生理反应,也有焦虑、恐惧、不安、抑郁等不良情绪反应,还有认知歪曲、主观夸大等自我防御反应,以及逃避、哭泣等不良行为反应。

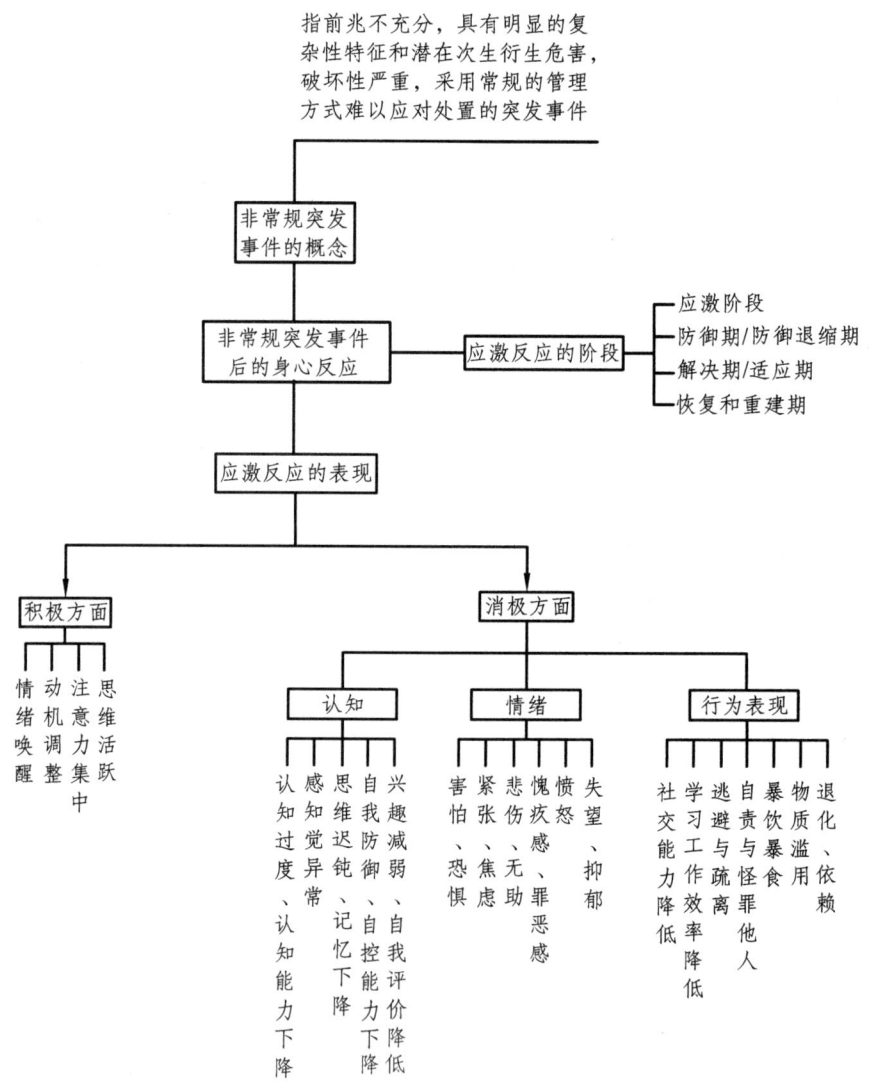

第二章 非常规突发事件后亲历者的身心反应与需求

【内容解答】

问题 1：什么是应激反应？

应激反应是有机体应对环境变化的一种适应性机制，一旦应激反应被激活，有机体会在生理上做出相应改变，维持适度稳态以增加生存机会。适度的应激反应有利于机体及时应对多变的环境，防止不利因素对人体造成伤害。但长时间和高强度的应激会诱发应激损伤，导致多种疾病的发生发展，如恶性肿瘤、心血管疾病、神经退行性疾病及糖尿病等。

应激反应主要分为心理应激反应和生理应激反应两类。

生理应激反应主要表现为交感神经兴奋、垂体和肾上腺皮质激素分泌增多、血糖升高、血压上升、心率加快和呼吸加速等。它包括三个阶段：一是对刺激产生直接反应及代偿反应，比如运动中呼吸加快，血压升高等；二是对刺激部分出现全适应，如身体适应了训练，细胞活动加强，抵抗力增强；三是刺激停止后的恢复过程，应激反应逐渐消失，体内环境恢复到刺激前的情况（由于适应机制的存在，这时体内环境可能有所改善）。

而心理应激反应是指情绪反应与自我防御反应、应对反应等，可分两类：一种是积极的心理反应；另一种是消极的心理反应。积极的心理反应是指适度的皮层唤醒水平和情绪唤起；注意力集中；积极的思维和动机的调整。这种反应有利于机体对传入信息的正确认知评价、应对策略的抉择和应对能力的发挥。消极的心理反应是指过度唤醒（焦虑）、紧张；过分的情绪唤起（激动）或低落（抑郁）；认知能力降低；自我概念不清等。这种反应妨碍个体正确地评价现实情境、选择应对策略和正常应对能力的发挥。

问题 2：是不是非常规突发事件得到有效处置后，应激反应就消退了？

其实不是的。非常规突发事件得到有效处置后，应激反应会逐渐消退，但有些应激反应可能会因人而异持续很长一段时间。因为在心理学上所指的应激反应，实际上包括非常规突发事件发生后的即时反应和后续响应。应激反应有一个过程，有学者持三阶段论，也有学者持四阶段论。

三阶段论者把个体在经历非常规突发事件后的心理应激反应分为急性应激阶段、慢性应激阶段、心理康复阶段。

第一阶段是急性应激阶段。这个阶段通常是非常规突发事件发生后的1~2天内，个体普遍会出现震惊、麻木、焦虑、担忧、恐惧、罪恶感和悲伤等负性情绪。在此阶段，历经突发事件的人们可能陷入无法控制、惊慌失措的心理失衡状态，一般不会向他人求助。这一阶段的心理支持和援助重点在于稳定情绪、消除焦虑和恐惧，提供以心理支持和陪伴为主的心理服务，同时对其进行身心症状的评估。

第二阶段是慢性应激阶段。通常是在非常规突发事件发生后第2天至3个月内，根据受灾人群的创伤暴露程度，其心理症状可能会呈现出不同的特点。历经灾难突发事件的幸存者往往会出现闪回、过度敏感等症状，情绪上以不安、恐惧、悲伤、无助、愤怒、罪恶感为主要特征，有家人或好友遇难的人群会出现悲痛、内疚或自责等情绪，受灾害波及的人群会出现不安、恐惧、无助等情绪。受灾人群在慢性应激阶段往往有较强的求助动机，因此这一阶段是心理援助的关键期，应以情绪疏导和心理教育为主，处理各种情绪，寻找资源支持。

第三个阶段是心理康复阶段（也被称为心理恢复重建阶段）。一般在非常规突发事件发生后3个月至几年的时间内。对大多数人来说，灾难造成的直接影响已经不太明显，相应的应激症状也随着时间有所减缓，生活慢慢进入正轨；但部分人可能会出现创伤后应激障碍综合症状、抑郁或焦虑障碍等。这一阶段心理援助的重点在于加强对精神障碍的识别、评估和治疗，对心理困扰进行持续关注，预防症状恶化。

应激反应的四阶段论者认为个体经历非常规突发事件后，心理应激反应可分为四个阶段：

第一阶段是非常规突发事件发生后的直接阶段。个体普遍产生强烈的情绪，如怀疑、麻木、恐惧和疑惑等。倾向于协作和英勇行为的人亦时有

第二章 非常规突发事件后亲历者的身心反应与需求

所见。这些反应其实是非常规状态下的正常反应。

第二阶段通常是从非常规突发事件发生后 1 周持续到几个月。在这一时期，来自社会各界的援助源源不断，清除和重建的过程开始。在这一调节阶段，否定与闯入性症状交替出现。闯入性症状通常先出现，并且包括伴随自动觉醒的闯入性思维和知觉，如高度震惊反应、高警觉性、失眠和梦魇等。在此阶段，通常伴有疲劳、头晕、头痛和恶心。焦虑、易怒、冷漠和社会功能退缩也经常出现。

第三阶段通常会持续 1 年，其典型特征是当非常规突发事件发生后的援助和重建达不到预期目标时，当事者会产生失望和怨恨的情绪。这一时期，个体关注自身的利益，强烈的团体意识被削弱。

第四个阶段是持续数年时间的心理重建阶段。在此时段，非常规突发事件的幸存者逐渐开始重建他们的生活、家庭。他们通常会对非常规突发事件进行重新评估和意义的陈述，最初的心理和躯体症状渐渐恢复。

总的来说，不管是将心理应激反应分为三个阶段还是四个阶段，它们内在的发展进程与意义基本是一致的。

Q&A 问题 3：心理应激反应究竟有几个阶段？

综合以往国内外研究者提出的应激反应阶段，我们可以将人们的心理应激反应描述为较详细的四个阶段，如图 2-1 所示。

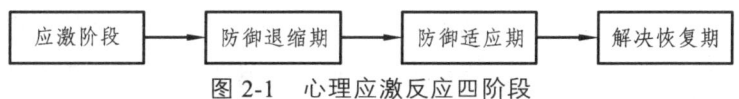

图 2-1　心理应激反应四阶段

（1）应激阶段，也称为冲击期或休克期，涵盖了非常规突发事件发生和之后很短一段时间。在此阶段，人们会出现焦虑、担忧、恐惧、罪恶感和悲伤等负性情绪，会感到震惊、恐慌、不知所措，甚至出现意识模糊。但这个阶段一般不会向他人求助。其特征是有机体释放大量肾上腺髓质激素和儿茶酚胺，加速体内糖原分解，产生可利用的能量，处于准备搏斗的状态。

（2）防御期或防御退缩期，一般是从非常规突发事件发生后几天到几周之内。由于非常规突发事件和情景超过了自己的应付能力，表现为想恢复心理上的平衡，控制焦虑和情绪紊乱，恢复受到损害的认识功能。但当事者往往不知如何做，会使用否认、退缩和回避手段进行合理化或不适当投射，对解决问题的应对效果造成负面影响。在这一阶段，各种各样的心理问题凸显出来，根据心理创伤暴露程度，其心理症状可能会呈现出不同的特点。有的当事者往往会出现闪回、过度敏感等症状，情绪上以不安、恐惧、悲伤、无助、愤怒、罪恶感为主要特征；有家人或好友遇难的人群会出现悲痛、内疚或自责等情绪；受灾害波及的人群会出现不安、恐惧、无助等情绪。为了恢复心理上的平衡，控制不良情绪，个体会本能地启动自我保护机制，如否认、退缩、回避、抑郁、焦虑或者漠视危险的存在，或者控制悲伤的表达。

（3）解决期或适应期。此时历经非常规突发事件的当事者能够积极采取各种方法接受现实，并寻求各种资源努力设法解决问题，焦虑减轻，自信心增加，社会功能恢复。其特征是释放大量的肾上腺皮质激素，通过糖异生途径将体内营养储备（碳水化合物、脂类和蛋白质等）转化为葡萄糖，机体利用能量适应外界环境的变化，达到机体恢复平衡的目的。非常规突发事件发生一段时间以后，人们能够采取积极的态度面对并接受现实，寻求各种资源，努力设法解决当前的问题，焦虑情绪逐渐减轻，社会功能改善，自信心增加。

（4）恢复和重建阶段，也称为危机后期或成长期。这个阶段可能需要几个月甚至几年的时间。对大多数人来说，非常规突发事件造成的直接影响已经不太明显，相应的应激症状也随着时间有所减缓，生活慢慢进入正轨，人们经历了灾害危机变得更成熟，更加理性，在心理和行为上变得较为成熟，获得一定的积极应付技巧；但部分人可能会消极应对而出现创伤后应激障碍综合症状、抑郁或焦虑障碍、分离障碍、进食障碍、酒精依赖或药物依赖，有些甚至会采取自伤、自杀等行为。

第二章 非常规突发事件后亲历者的身心反应与需求

Q&A 问题 4：应激反应就是非常规突发事件发生后出现的生理、情绪、行为反应吗？

在非常规突发事件出现之后，亲历者的应激反应并不是一次性、突然出现的，也不是只限于事件发生后出现的生理、情绪、行为反应。

在遭遇了非常规突发事件后，人们会产生一系列心理应激反应。这些心理应激反应从性质上可分为两类，即积极的心理应激反应和消极的心理应激反应。积极的心理应激，如情绪的唤起、动机的调整、注意力的集中和思维的活化等，可使人维持应激期间的心理平衡，准确地评定应激源的性质，做出符合理性的判断，从而使人们能够恰当地选择对付应激的策略；而消极的心理应激往往会干扰和削弱应对应激的能力，降低个体的活动水平，表现为对应激源的无能为力，如过度的焦虑、激动、紧张、认知障碍与自我评价降低等。如图 2-2 所示。

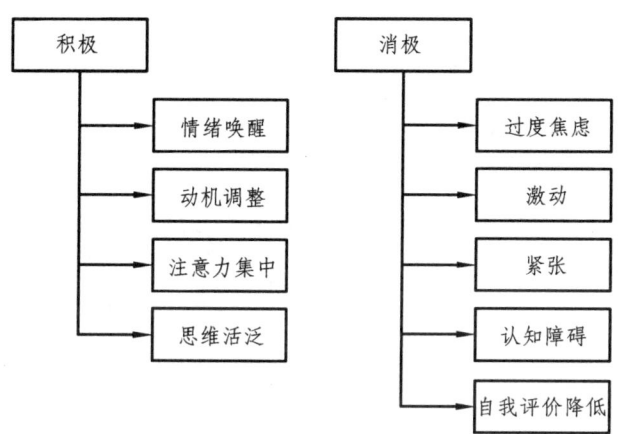

图 2-2　积极的心理应激反应和消极的心理应激反应

一般来说，遭遇非常规突发事件后，积极的心理应激反应出现频率相比于消极的心理应激反应出现的频率较低。而消极的心理应激反应，常常会影响到人们的身心健康。

问题5：在遭遇非常规突发事件后，个体消极心理应激反应的表现有哪些？

一般来说，非常规突发事件的亲历者常常表现出认知、情绪和行为三方面的消极心理应激反应，如图2-3所示。

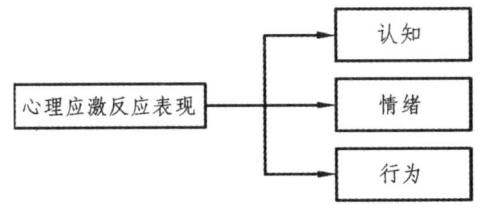

图2-3 心理应激反应表现的三个方面

具体来讲，首先，在认知方面的表现有：

（1）认知过度、认知能力下降。发生消极认知偏向，更易关注负面信息，往往会出现灾难化想法，夸大非常规突发重大事件所产生的后果，自知力下降，低估自己的应对能力。

（2）感知觉异常。感觉过敏或歪曲。感觉迟钝、感知觉能力降低（感觉阈值上升，知觉速度和准确性变差，知觉鉴别能力降低，可能出现视而不见、听而不闻的现象）。

（3）注意力不集中、注意狭窄。做事分心，注意力容易分散，难以集中到所做的事情上，日常活动效率下降。注意范围变窄，注意分配和注意转移能力降低，对自己或家人的身体特别关注，不能把注意从非常规突发事件上转移。

（4）记忆下降、记忆错乱。许多平时很容易想起来的信息回忆不起来，会出现短暂性遗忘，常在遗失与寻找中度过。

（5）思维迟钝、单一化、刻板化。思考与理解困难，个体的思维和解决问题的能力严重下降，无法决定事件的优先级，难以做出决策，常常出现思维定式、思维局限，严重者还会出现思维停滞现象，大脑一片空白。有的人会对同一个问题反复思考、犹豫不决，来来回回地想，怎么考虑都放心不下，出现"思维反刍"的情况。

侵入性思维或表象思维，常会出现可怕的灾难画面（即闪回），有时控制不住自己不去想那些情景。

（6）自我防御和自控力下降。在遭遇了非常规突发事件后，个体的自我防御能力会降低，自我控制力也会下降。

（7）自我评价降低。对自己缺乏自信，感觉自己什么也做不了，无助感强烈，不知所措。

（8）对学习、工作和生活失去兴趣。高校师生在遭遇非常规突发性事件后往往会失去方向感，没有目标，时常困惑于自己究竟为什么生活，为什么工作，为什么学习，即使是以前自己很感兴趣的东西也没了兴致。

（9）计算能力、方向定位能力下降。日常计算能力下降，方向感下降。

（10）觉得社会不公平。觉得社会不公，困惑为什么是自己生病或遭遇灾难，愤愤不平。

其次，在情绪方面的表现有：

（1）害怕、恐惧。害怕自己或亲人会受到伤害，害怕只剩下自己一个人，害怕自己会死去。对未来恐惧，怕再次发生类似的灾难事件。

（2）紧张、焦虑。心理焦虑，过度警觉。个体在遭受非常规突发事件威胁时易形成一种莫名的担忧、害怕、紧张、恐惧等感受相混合的复杂情绪体验。

（3）悲伤。为亲人或其他人在非常规突发事件中的死伤感到很难过、很悲痛。大多数人会以大声号哭或不断啜泣的方式来宣泄或疏解；少数人以麻木、冷漠无表情的方式来表达。

（4）无助感。觉得人是多么脆弱、不堪一击，不知道将来该怎么办，感觉前途茫茫。觉得世界末日到了；一切转眼成空，面对毁损的家园，无法预期何时恢复。

（5）愧疚感、罪恶感。因为比别人幸运而感觉罪恶；感到自己做错了什么，或者没有做应该做的事情来避免亲人的伤亡。

（6）愤怒。觉得上天怎么可以对我这么不公平，这种灾难怎么会降临到自己身上，别人根本不知道我的需要。愤怒时判断力、控制力减弱，容易出现冲动和攻击行为。

（7）怀疑。不敢相信发生的事情，觉得太突然，像是做梦一样。

（8）疑病。对自己的生理变化十分敏感，觉得自己的身体出现了毛病，自己也可能将要死去。

（9）重复回忆。总想到发生的事情，总想着逝去的亲人等，心里觉得很空虚，无法想别的事。

（10）失望。不断地期待奇迹出现，却一次一次地失望。

（11）抑郁。对任何人、任何事都没有兴趣，常常伴随有失眠、食欲下降、性欲减退，严重的抑郁常常是自杀的重要原因之一。

（12）绝望感、不信任感。认为即使再怎么努力，也不会有改变；不相信他人，也不相信自己。

（13）孤独。孤独感加重，依赖性增加。

最后，心理应激反应在行为方面的表现有：

（1）回避社交、社交与沟通能力下降。社交退缩，沉默寡言，变得孤僻，不想见人，不想出门，更喜欢一个人独处，拒绝与他人沟通交流，整天呆坐。

（2）学习、工作效率下降。学习、工作积极性下降且效率降低。

（3）逃避与疏离。远离与灾难相关的事件及信息，与这些信息隔离，采取过度防护措施。

（4）容易自责或怪罪他人。觉得是自己的错误才让自己遭受了灾难；或认为是因为他人自己才遭受了灾难。

（5）不易信任他人。多疑，不愿意相信他人，觉得没人可以信任。

（6）退化、依赖。过度依赖他人，拽着别人不放，或者无法独处。

（7）行为失控、行为笨拙。自己的行为有时不受自己的控制，或行为很缓慢笨拙。

（8）暴饮暴食。间断性无法控制，又猛又急地大量吃喝。

（9）敌对与攻击。敌对是指内心有攻击的欲望，行为表现是对导致挫折的对象不友好地谩骂、憎恨、中伤或羞辱。攻击对象可以是人，也可以是物，可能是直接攻击，也可能是间接攻击，可能针对别人，也可能针对自己。易怒，经常和人争吵，还可能出现更多的打架行为。

（10）物质滥用。某些个体在处于危机时会采用习惯性地饮酒、吸烟或服用某些药物的行为方式，以达到麻痹自己、暂时摆脱烦恼和困境的目的。饮酒、吸烟、用药增加。

（11）病态固执。部分个体在处于非常规突发事件时常会反复出现无效的动作或行为，虽然这种动作或行为毫无意义或结果，却无法抗拒，身不由己地继续这种动作或行为。如不可自控的强迫性。

（12）过激行为和受暗示性。过激行为指个体对应激源过于敏感，反应强烈、情绪极度亢奋、行为举止夸张，警觉性增高，对刺激敏感，普通声光刺激易致惊跳反应，情绪不稳定，易激怒，易哭泣或表情茫然，过度焦虑，或激情发作、号啕大哭，或焦虑不安、慌张恐惧，亦可出现悲观抑郁或欣喜若狂。受暗示性指个体在应激过程中盲目相信别人，言行举止容易受他人的指使和控制。发火、常与人争执。

 问题 6：高校非常规突发事件引起的身心反应案例与分析

案例一

何某，52 岁，某高校教师，自从新冠肺炎疫情发生以来，和家人一起严格执行防控措施，除买菜以外基本不出门，迫不得已去买菜的时候也是以非常快的速度买菜回家，出门戴口罩、戴手套，进门使用医用酒精消毒。但是明红会每天花很多时间了解媒体公布的最新疫情数据和抗疫动态，也从不放过微信里的各种消息，常常打电话告知女儿要注意防疫。即使这样，疫情的许多未知与不确定性也常常会让明红担心、焦虑、不安，有时还很压抑，她有时也会拨打心理热线述说自己的烦恼，虽说有一定帮助，但放下电话后又感觉不对头。最让她担心的是，学校不能正常开学，虽然也按学校要求开展了网上教学，但是线上教学的效果远远不及正常的课堂教学，互动性等远远不够，总觉得教师的教学和学生的学习都脱离了正常的轨道，学生在家的学习状态似乎达不到要求。她感觉自己出了问题：知道当下有很多事要做，但却总是心神不定，食之无味，脾气暴躁，不易入睡，早醒多梦，难以保持充沛的精力。

案例二

卫某，男，22岁，大三学生。自从新冠肺炎疫情发生以后，慢慢变得极度紧张，常常担心事情做不完，遇到一点小事情就会向家人发脾气，反复唠叨，越来越钻牛角尖，情绪极不稳定，常常感觉孤独无助，觉得家人一点也不理解自己，甚至严重失眠。

案例三

小A，女，大二学生。从新冠肺炎疫情发生以来，独自带着妹妹在家。爸爸在医院陪伴生病的爷爷，妈妈是医务工作人员，在一线加班。小A每天在家通过手机、电视收看新冠肺炎疫情的报道，时时担心自己和家人被感染，越来越焦虑和恐惧，并且最近开始食欲下降、失眠，感觉人生快没有什么希望了。

案例四

小郑，大三学生，身处新冠肺炎疫情比较严重的地区，一直关注疫情发展，担心自己染上新冠肺炎，不停地测体温，身体稍有不适，便怀疑自己传染上了新冠肺炎，经常上网查询有关疫情的信息，网上各种说法和案例更加让他恐慌。由于外出受到限制，内心比较压抑，近几天睡眠非常不好，入睡很困难。

上面几个案例中主人公的状况都属于非常规突发事件之下的应激反应。应激反应是各种危险性刺激和个体身心交互作用的结果，通常伴有心率加快、垂体和肾上腺皮质系统激活等生理反应，也有焦虑、恐惧、抑郁等情绪反应，认知与自我防御等行为反应。适当强度的应激反应对人有积极意义，它们可以提高人的警觉性、增强身体的抵抗和适应能力，也可以增进工作和学习的效果。然而，如果反应过于强烈和持久，会给学习、工作和生活带来消极的影响。

问题7：非常规突发事件发生后，高校师生最需要的是什么？

美国著名心理学家马斯洛在《人的动机理论》一书中系统地阐述了需要层次理论，该理论把人的需要分为五种不同层次，即生理需要、安全需要、归属与爱的需要、尊重需要、自我实现需要。马斯洛认为，这些需要是人类内在的、天生的、下意识存在的，它们从低级向高级不断发展。而在非常规突发事件发生后，高校师生最迫切的需要是生理需要、安全需要以及归属与爱的需要。

首先，高校师生的生理需要主要包括学生学费的支付、教师工资的保障、衣食住行的满足、身体健康等。非常规突发事件因其突发性可能对师生的身心造成不良影响，衣食住行出现不便，甚至可能造成学校停课停学。师生的生理需要得不到满足，可能导致强烈的挫折感和自卑情绪。

其次，高校师生的安全需要主要体现在对于所处环境公平性的要求、身边事物的可掌控性，也就是自己所处的环境有可以遵循的、成熟的规则可以依赖，从而能预知自己行为的结果。非常规突发事件的发生，影响了师生原有平静的工作生活状态，让师生对身边事产生失控感，产生对未来的不可掌握感，从而失去安全感。如果这些需求得不到满足，就会导致师生产生茫然、无目标感，从而加重高校师生的焦虑情绪。

最后，师生的归属与爱的需要是指对所处组织的归属感、被他人需要和被支持、被关爱的感觉，尤其是被重视、被支持的感觉。非常规事件的发生，会影响师生对学校组织的归属感、影响其被他人需要或被支持、被关爱的感觉，如果这些需要得不到满足，可能导致高校师生的疏离感、陌生感和孤独感，极端情况下可能导致愤怒和敌对情绪的出现。

问题 8：非常规突发事件后，高校应该做什么？

在非常规突发事件发生后，高校首先应该充分发挥心理中心的作用；其次做好思政教育；还需要重视平时的心理健康方面的指导和训练。

1. 充分发挥心理中心的作用

面对非常规突发事件，大学生心理难免产生各种变化。做好大学生心理疏导，是做好防控非常规突发事件工作的重要内容，具体要做到"三个提高"。一是提高教师对心理疏导工作重要性的认识，全员参与大学生心理疏导工作，了解学生思想动态，为他们排忧解难。二是提高学校心理中心的工作效率，学校的心理中心要担负起专业心理咨询任务；班主任、辅导员要结合日常学生管理工作开展心理健康教育活动，深入学生宿舍，了解学生心理动态，发现共性问题要及时上报。三是提高学校心理中心工作质量，对有一定知识基础的教师和相关专业的大学生进行专业培训，并在专业心理老师的指导下开展咨询工作；利用 QQ 群、微信群、订阅号与公众号、微博等媒介，依据学生普遍的心理动态和关注的问题，适时推送相关内容的科普文章；适当组织开放性的文体活动，丰富学生的业余文化生活，缓解心理压力。

2. 下好思政教育"先手棋"，汇聚思想力量

牢固树立高校"一盘棋"思想，全校上下联动，以思想政治教育为"先手棋"，对师生进行爱党、爱国、爱社会主义教育，做到"三个结合"。一是结合灾难防控期间的重要事件，让大学生体验到能够集中力量办大事的中国特色社会主义制度优势，感受到"一方有难，八方支援"的中国精神，认识到万众一心抗灾的中国力量；二是结合抗灾的先进事迹，教育大学生向英雄学习，激发他们的担当精神和社会责任感；三是学校结合具体的非常规突发事件防控工作，让师生积极参与其中，让教师以身作则，认真履行岗位职责，让广大学生安心学习，以优异的成绩回报社会。

3. 应重视平时对学生心理健康方面的指导和训练

高校可以通过平时的心理健康教育和团体辅导等活动，训练大学生对负性事件采取成熟的应对方式，最大限度降低非常规突发事件对于个体情绪的消极影响。消极的应对往往包括消极的认知、消极的情感和消极的行为三方面，高校心理咨询机构和心理健康教育的老师们应从改变消极认知着手，引导学生正确认识自我和社会，在形成积极认知的基础上，教会学生调适情绪的技能，培养乐观积极的心境，教会学生识别消极和积极的应对方式，鼓励学生采用具有建设性的积极应对行为，注重学生理论的实践运用和观念的改变，帮助学生提升其心理素质和心理健康水平。

问题9：非常规突发事件后，对于师生产生的应激反应，高校如何进行干预？

在非常规突发事件发生后，高校师生或多或少会出现一些应激反应，高校对于师生产生的应激反应可以做一些干预，包括及时进行心理干预；健全体系，提升危机干预的应激能力及意识；拓宽途径，丰富心理健康教育的内容等。

1. 在危机状态下要及时进行心理干预

对于产生心理应激反应的学生，需要及时和他们保持联系，给予专业性的支持和帮助，即在危机前加强心理健康教育，预防危机事件的发生；在危机中进行认知治疗，帮助学生安全度过危机；在危机后进行后期干预疏导，缓解危机带来的负面影响。

2. 健全体系，提升危机干预的应激能力及意识

高校应完善大学生心理危机干预体系，建立一支由医生、心理咨询师、学工干部、辅导员组成的常备专业队伍。一旦危机降临，可以立即启动应激机制进行危机干预。相关部门要能够迅速行动起来，形成联动机制，有针对性地开展危机干预活动，改善大学生出现的应激反应，引导大学生采取积极应对方式，利用社会支持系统增加社会支持度，缓解心理应激反应。

3. 拓宽途径，丰富心理健康教育的内容

在非常规突发事件发生后，除了学校开设的心理健康教育相关课程，可酌情增设或渗透非常规突发事件应对、生命教育方面的教育课程，增强大学生的心理承受能力和信息辨别能力，拓展心理健康教育的工作途径。利用各种新媒体平台，开展线上心理咨询和教学、班会、主题团日等活动；开展"一对一"的心理援助服务，帮助大学生解决面临的心理问题，促进大学生的身心健康。

问题10：非常规突发事件后，高校学生如何进行自我调节？

高校师生的应激反应是非常规突发事件状态下的自动调节，师生们可以采取一些方法来积极应对并逐步适应新环境。

1. 合理宣泄情绪，调整情绪状态

在非常规突发事件发生后，高校有些学生会出现焦躁、不安、惶恐、抑郁等不同程度的情绪反应，这类消极的情绪如果得不到适当地释放，很容易造成心理或精神疾病，影响个体的身心健康。情绪的表达和宣泄有着重要作用，这时学生可以通过写日记、与亲朋好友沟通、适度运动等形式来倾诉、宣泄自己的情绪，也可向心理专业人员求助。

2. 科学应对情绪，接纳其心理反应

在非常规突发事件后，师生们可能会处于应激状态，很容易产生恐慌、不安、抑郁、敏感等消极的情绪，应科学且理性地看待这些情绪表现，它们都是我们在非正常状态的正常反应。师生可以通过多种方式，了解应激反应的表现和作用，认识到这是我们应对环境变化的合理反应，适时接纳它们。同时也要清晰认识到，适当的情绪压力有利于更好地应对非常规突发事件，当高校师生们出现上述情绪时，不要过分地否认和排斥，更不要过度地紧张，以免加重自己的情绪反应。

3. 保持良好的生活方式，善用资源

一是提高对网络、自媒体上有关非常规突发事件的信息辨别能力。网络、自媒体上有些信息是不准确的，人们可能会被这些不明信息所影响，导致更加紧张焦虑。因此，建议大家以官方通报的信息为准。

二是规律作息。身体健康是最好的免疫，身心是互相影响的，身体健康会影响心理状态。因此，建议大家这段时间一定要规律作息，合理饮食，让健康的身体来帮助我们抵抗非常规突发事件引发的身心反应。

三是懂得求助。如果你的情绪不是太好，要积极寻求社会支持，找朋友、家人倾诉。如果心理反应比较严重，自己没有办法排解，请积极寻求专业帮助。学校心理老师、心理专科医院、心理热线等，都是不错的选择。

第三章
非常规突发事件的风险研判和应急响应机制

【内容提要】

　　大学生由于自身认知特征、年龄、人生阅历和经验的限制，在面对非常规突发事件时，可能会出现情绪问题和应对能力不足的情况。高校在非常规突发事件中的首要任务是保证师生的安全健康。因此，具有应对风险的意识，对非常规突发事件的风险研判和应急响应是十分必要的。

　　本章主要涉及以下几个方面的内容：非常规突发事件风险程度的判断及预警等级的划分；建立非常规突发重大事件的预警机制及实施应急管理的重要性；如何制定非常规突发事件的应急预案及促进高校心理干预应急机制的有效运行。

高校非常规突发事件心理调适工作指南

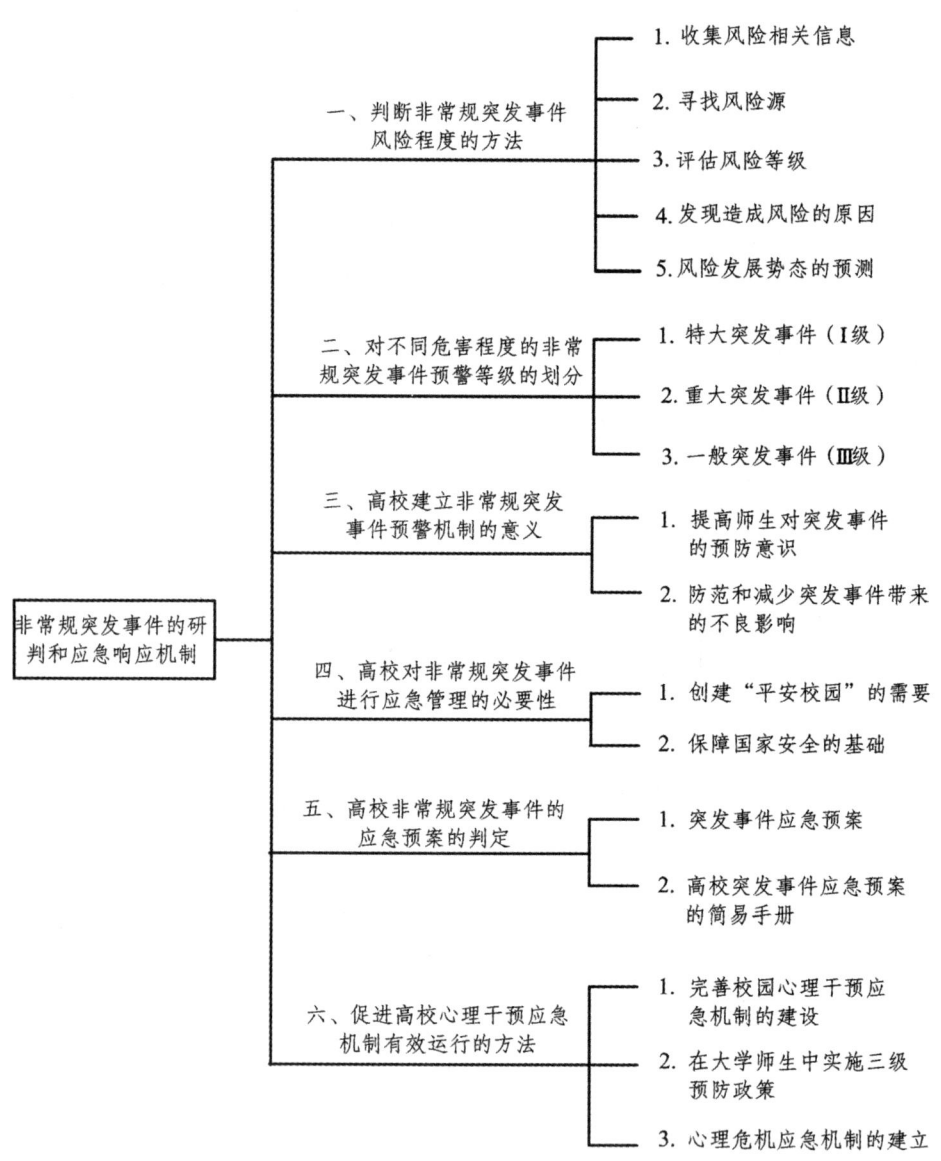

第三章 非常规突发事件的风险研判和应急响应机制

【内容解答】

问题 1：为什么要对非常规突发事件进行风险评判？

非常规突发重大事件的一个主要特征就是事件没有充分的前兆，本身又存在复杂性、较高的破坏性和次生衍生危害等特征。对于尚处于求学阶段的大学生而言，受其人生经历和经验、认知特征和年龄等因素的影响，在面对突发事件时，有可能会出现一系列身心与行为反应，影响他们正常的学习与生活。同时，高校承担着教书育人的任务，在突发事件中，保证校园和师生的稳定和安全是放在首位的任务。因此，具有风险意识，及时对非常规突发重大事件的风险进行研判是十分必要的。

所谓风险，是指在某一特定环境下，在某一特定时间段内，某种损失发生的可能性。风险由风险因素、风险事故和风险损失等要素组成。换句话说，在某一个特定时间段里，人们所期望达到的目标与实际出现的结果之间产生的距离称为风险。非常规突发事件往往都是具有极大风险的事件，比如"非典""新冠肺炎疫情""5·12"汶川地震等。

非常规重大突发事件的风险研判就是通过收集风险的相关信息，进一步寻找风险源，对风险的等级进行评估，及时发现造成风险的原因，并对风险的发展态势进行预测预警的全过程。

问题 2：校园有哪些常见的非常规突发事件？

非常规突发事件一般分为四类：自然灾害、事故灾难、公共卫生事件和社会安全事件。这些突发事件一般是突然间发生，可能会造成严重社会危害，需要采取应急处置措施予以应对。近年高校常见的非常规突发事件请参见第一章。

问题3：如何对非常规突发事件进行风险研判？

1. 收集风险相关信息

信息的收集是准确研究和判断风险及其程度的前提，信息的收集过程就是将碎片化的内容进行归纳、整理、分析的过程，这个过程需要多部门进行协同管理。在校内，需要形成学工处、教务处、保卫处、后勤集团、校医院、心理中心、各学院等多部门的联动，组成由教师、辅导员、行政人员、宿管员和学生等多元化的信息收集员队伍，搭建识别潜在风险信息的"蛛网"，并建立及时上报的制度。在校外，高校还需要加强与各级政府部门交流共享信息。一方面积极关注社会信息的发展变化，另一方面，高校应加强与社会的紧密合作，运用高校自身的科研优势，共同开发研究风险监测的预警网络，共享针对非常规突发事件的预警信息，形成基础的、系统的风险信息资源库。

2. 寻找风险源

在风险信息收集的基础上，由学校专职部门通过识别、区分、分析、整合相关的信息，定期召集校内外专家进行研讨，结合以往的数据和经验，将可能存在的风险因素，尤其是可能引发风险的潜在因素进行综合分析，包括社会因素和自然因素，从而找到风险来源。这个过程不仅需要运用科学的研究方法，还需要专家的参与。高校要充分利用自己的科研和人才优势资源，未雨绸缪，建立"居安思危"的意识。

3. 评估风险等级

高校根据所在地区的风险程度，即处于高风险地区、中风险地区还是低风险地区，依据非常规突发事件的具体特征，制定风险等级指标。精准确定风险等级，是风险研判过程中最重要，也是最困难的一环。高校可结合所在地区多发突发事件的情况，制定自然类、事故类、公共卫生类和社会安全类等不同类型的风险等级指标，可围绕特大事件、重大事件和一般事件的三个风险等级设置相应的等级指标内容。

4. 发现造成风险的原因

任何一个非常规重大突发事件的出现，都是由多方面的因素造成的。既要考虑到宏观和微观上诸多因素的交叉影响，又要看到整体与个别、内部与外部等各因素之间的相互影响。同时还要意识到造成风险的因素可能会随着时间、应对策略等发生新的变化，例如我国的新冠肺炎疫情在本土基本得到控制后，境外输入就成为一个引发风险的重要因素，因此，需要用动态的视角看风险的成因。高校并非一个独立的封闭体，它与外部世界有着千丝万缕的联系，同时又具有自身独特的环境和人文特色，所以对风险成因的分析也离不开大学生的群体特征和大学文化固有的特质。

5. 风险发展态势的预测

非常规突发事件中，对风险动态发展趋势的预测，是采取有效应对策略的重要依据。应对风险的类别、危害的程度和突发事件的破坏性等因素进行实时的监测和评估，尤其是风险的危害程度和破坏程度，因为它们在不同的时间段是动态变化的。因此，需要及时地制定和调整应急响应对策，特别是对非常规突发事件所形成的次生灾害和衍生灾害的监测和评估。大学生群体受年龄和成长环境等因素的影响，在应对突发重大事件的心理准备上需要及时给予指导和帮助。特别在突发事件的早期，宣传普及科学知识和健康行为、疏导缓解恐惧恐慌情绪是十分必要的，在风险的不同阶段制定实施有针对性的心理健康维护和干预措施，可有效缓解大学生因突发事件而引发的心理问题。

Q&A 问题4：如何对不同的非常规突发事件划分预警等级？

一般来说，应根据突发事件的紧急程度、蔓延的趋势和可能造成的危害程度，进行预警等级的划分。比较常见的划分是依照突发事件的破坏程度，从强到弱大致可以分为特大突发事件（Ⅰ级）、重大突发事件（Ⅱ级）和一般突发事件（Ⅲ级）的三级预警等级。

依据突发事件的类型，不同等级中涉及的具体内容也会有所不同。大致的划分标准可以概括为：

Ⅰ级预警：代表危害程度特别严重，有可能造成群死群伤、特别严重的财产损失或社会影响恶劣的突发事件。

Ⅱ级预警：代表危害程度很高，有可能造成重大人员伤亡、财产损失或社会影响严重的突发事件。

Ⅲ级预警：代表危害程度较高，有可能造成人员伤亡、财产损失或较大社会影响的突发事件。

以 2020 年的新冠肺炎疫情为例，2020 年初新冠病毒肆意蔓延，全国进入一级预警阶段之后，高校也实施了居家上网课的授课形式；在武汉疫情得到有效控制，预警等级降为二级后，各高校开始为复学做准备，制定了错峰分流返校的措施；在全国疫情得到有效控制后，新冠肺炎疫情进入三级预警阶段，各高校先后恢复了正常的教学秩序，并在校内制定了严格的疫情防范措施。这体现了高校在非常规突发事件后，随全国疫情的变化，结合所在地区的风险程度，严谨且灵活地完成了相应预警等级的转换过程。

问题 5：为什么高校要建立非常规突发事件的预警机制？

1. 提高师生对非常规突发事件的预防意识

第一，非常规突发事件带来的破坏性是巨大的，不仅影响了校园的稳定和谐，破坏了有序的学习环境，而且也影响到学生的身体健康和生命安全，对学生心理的冲击则更为长久。大学生是国家未来的建设者，开展灾难的预防教育可以帮助他们形成风险意识，同时也可以帮助他们在抵御灾害时更有韧性。第二，高校是教书育人的地方，安全稳定的校园环境是必要的保障。因此，需要做好突发事件的预防，形成校领导挂帅，学工处、保卫处、教务处、心理中心等为主要推力，学院为主要实施部门的预防体系，以调动全校资源做好风险防范的准备。第三，面对非常规突发事件时，和谐友爱的校园氛围、充满自信和朝气的学生、有责任感和爱心的老师、具有服务意识的后勤行政人员等,他们虽然无法消除灾难事件,但却能形成温暖、有力量的人际支持资源,可以为师生缓解突发事件引发的负性情绪,减少心理压力,获得必要的安全感。

2. 防范和减少突发事件带来的不良影响

建立非常规突发事件的预警机制可促进高校提高风险防控的能力,完善风险的应急管理体系。第一,建立预警机制可以做到有备无患,避免因为突然发生的灾难事件而措手不及,错失最佳应对的时机。同时,在学校管理层面和师生心理层面提前做好防范准备,可以减少非常规突发事件带来的冲击性和破坏性。第二,建立预警机制可以提高对风险的识别、监测和预测能力。通过对潜在风险因素的识别,对风险发生、发展态势的研究,及时做出预警提示,启动应急响应,最大限度地降低非常规突发事件对师生的生命和健康带来的损失。第三,高校建立预警机制,各部门在明确分工负责的基础上,制定预防、预警、应急管控、善后处理等机制,调动各方资源、协调合作,有利于强化全校师生的危机意识,促进高校应对风险的能力。

Q&A 问题6:高校为什么要对非常规突发事件进行应急管理?

党的十六届三中全会明确提出"建立健全各种预警和应急机制,提高政府应对突发事件和风险的能力",2006年1月国务院颁布了《国家突发公共事件总体应急预案》(简称《总体预案》)。《总体预案》是指导、预防和处置各类突发公共事件的规范性文件,明确提出了应对自然灾害、事故灾难、公共卫生事件、社会安全事件等4类突发公共事件的6条工作原则:以人为本,减少危害;居安思危,预防为主;统一领导,分级负责;依法规范,加强管理;快速反应,协同应对;依靠科技,提高素质。2020年在突发重大公共卫生事件新冠肺炎疫情暴发后,国家相应机构和各级地方组织依据此预案制定实施了对疫情的应急管理,取得了显著成效,见证了在突发重大事件中应急管理的重要性。因此,高校可结合自身的情况,完成应对突发公共事件的预案，在此基础上做好人力、物力、财力、交通运输、医疗卫生及通信保障等工作，以保证大学校园的安全和稳定，保障全体师生正常的学习和生活。

1. 创建"平安校园"的需要

2011年5月，在《总体预案》颁布后，北京市委教育工委、市教委、首都社会治安综治办和市公安局联合印发《关于深入推进高校"平安校园"创建工作的意见》（京教工〔2011〕32号），正式开展平安校园创建工作。颁布了首都高校"平安校园"创建的基本标准，主要由安全稳定组织领导体系、维护稳定工作体系、矛盾纠纷排查化解体系、校园综合防控体系、安全教育管理服务体系、应急处置体系等六大体系构成。创建标准分为8个一级指标、24个二级指标、57项测评要素、77项检查内容，共计160分，涉及学校各机关部处、学院及直附属单位。

高校在保障"安全稳定第一"的原则下，建立高效的应急处置规范势在必行。在非常规突发事件发生时，统一、反应灵敏的指挥系统，协调有序、运转高效的应急处置体系，及时稳妥、依法有效的应急处置预案，以及有效的舆论舆情的引导，是高校应急响应机制建设的重要内容。面对各类突发事件，高校可定期开展应急演练，让师生熟悉信号分类、逃生路线、自救方法等，不断提高应对突发事件的能力。

2. 保障国家安全的基础

2014年，习近平总书记提出总体国家安全观，以人民安全为宗旨，以政治安全为根本，以经济安全为基础，以军事、文化、社会安全为保障，以促进国际安全为依托，构建集政治安全、国土安全、军事安全、经济安全、文化安全、社会安全、科技安全、信息安全、生态安全、资源安全、核安全等于一体的国家安全体系。在全球网络化、价值观多元化的今天，各种突发事件所带来的影响，直接冲击着当代的大学生，引发情绪和行为的波动。这就需要高校以服务大局为原则，统筹规划各项工作，综合研判各类风险，夯实安全稳定工作，形成维护校园安全的强大合力。

第三章 非常规突发事件的风险研判和应急响应机制

同时，高校还可以通过人才培养、科学研究、社会服务、文化传承创新、国际交流合作等方式来为维护国家安全贡献力量。清华大学提出的"三区联动"防控模式，通过人防、物防、技防协同联动，打造安全管控、应急值守、监测预警、事故研判平台的防控管理模式，为高校开展应急管理提供了学习借鉴的示范。

Q&A 问题7：怎样制定高校非常规突发事件的应急预案？

应急预案，是指面对非常规突发事件如自然灾害、重特大事故、环境公害及人为破坏的应急管理、指挥、救援计划等，是应急管理的核心内容之一，是应对非常规突发事件时进行应急决策的依据和参考。

2013年10月，国务院发布《突发事件应急预案管理办法》，强调应急预案重点规范事发后的应对工作，适当向前、向后延伸。高校非常规突发事件的应急预案，是指为预防和处置各类突发事件而由高校制定的规范性文件，是校园应急管理的核心内容之一，是应对非常规突发事件时进行应急决策的依据和参考框架。主要内容包括非常规突发事件应急管理工作的组织指挥体系与职责、突发事件的预防与预警机制、处置流程、应急保障措施以及事后恢复与重建措施等。

各高校可依据《中华人民共和国突发事件应对法》《突发事件应急预案管理办法》，结合自身的特点，制定具体、可操作的校园应急预案。下面罗列了一份高校应急预案的框架，仅供参考。

高校非常规突发重大事件应急预案的简易手册

依据《中华人民共和国突发事件应对法》《国家突发公共事件总体应急预案》《教育系统突发公共事件应急预案》和《教育部关于切实做好新型冠状病毒感染的肺炎疫情防控工作应急预案的通知》等，针对高校非常规突发重大事件的有效预防、及时控制和妥善处理，保证正常的教学秩序、师生的健康安全，结合高校实际，制定应急预案的简易操作手册。

一、适用范围

本预案适用于高校应对非常规突发重大事件的应急管理。主要包括以下四类非常规突发重大事件：

1.重大的自然灾害。主要包括严重的地震、水灾、森林火灾、泥石流、海啸等。

2.重大的事故灾害。主要包括严重的交通事故、安全事故、公共设施事故等。

3.重大的公共卫生事件。主要包括传染病疫情、食品安全、动物疫情等。

4.重大的社会安全事件。主要包括恐怖袭击、经济安全等。

二、工作原则

1.统一指挥，快速反应。学校成立突发事件工作领导小组，负责全校非常规突发重大事件的应对。

2.分级负责，属地管理。遵循属地管理原则，在事件发生后，在当地政府统一领导下，启动应急预案，并及时向教育部（厅）上报。

3.预防为本，及时控制。早发现、早报告、早控制、早解决，将突发重大事件控制在小范围内。

4.部门联动，协同应对。在突发事件发生后，领导工作小组依据分工开展工作，形成多部门联动。

5.区分性质，依法处置。从保护师生安全出发，区分和处理不同性质的矛盾，防止事态扩大。

6.加强保障，重在建设。强化对制度、经费和工作部署等方面的保障，提高工作效率。

三、组织管理

成立非常规突发事件工作领导小组，由校领导担任组长，学工处、校医院、后勤集团、保卫处、教务处、心理中心和各学院作为联动的成员，协同管理、共同负责防控工作。

主要职责：根据教育部和属地政府的要求，建立健全防控责任制度，统一指挥、分级负责，建立重大事件上报制度；开展宣传教育，普及相关知识，做好预防工作；密切关注事件的动态，及时收集和分析相关数据和信息，提供应对重大事件的建议和措施；根据事件的发展态势，及时调整教学和考察方式，保障教学工作正常开展；对师生开展心理疏导工作，缓解恐慌情绪，预防心理问题的出现；及时了解学生的学习和生活状况，对出现的问题及时处理；保障物资、设施的正常开放，维护校园秩序的安全和稳定。

四、预警分级

根据专家评估，按照事件的紧急程度、蔓延趋势和可能造成的危害程度，判定事件的预警级别，并将高校的预警级别分为特大事件（Ⅰ级）、重大事件（Ⅱ级）和一般事件（Ⅲ级）。

Ⅰ级代表危害程度特别严重，有可能造成群死群伤、特别严重的财产损失或社会影响恶劣的突发事件。

Ⅱ级代表危害程度很高，有可能造成重大人员伤亡、财产损失或社会影响严重的突发事件。

Ⅲ级代表危害程度较高，有可能造成人员伤亡、财产损失或较大社会影响的突发事件。

五、应急响应

1.特大事件（Ⅰ级）的应急响应。Ⅰ级特大非常规突发事件发生后，高校要立即向上级部门上报，并启动应急预案，对学校防控工作进行部署，落实各项防控应急措施。防控办公室集中办公并实行24小时值班，实行事件每日"零报告"制度；根据事件的发展，及时调整防控措施；及时检查和协调各部门防控工作，解决防控工作中存在的问题。

2.重大事件(Ⅱ级)的应急响应。Ⅱ级重大非常规突发事件发生后,及时向教育部和当地政府部门进行事件通报,做好一般事件的应急反应工作外,根据当地政府的统一部署,启动本地教育系统应急工作预案,对学校工作进行部署,实施各项应急措施。

3.一般事件(Ⅲ级)的应急响应。Ⅲ级一般非常规突发事件发生后,按照教育部和当地政府的统一部署,由学校统一领导开展防控工作,启动应急预案,落实各项应急措施。

六、应急保障

1.预案保障。认真总结防控的经验与教训,结合学校实际和人员的职责,熟练掌握应急预案的内容及任务,在发生突发事件时能够及时到位进行处理。

2.人员保障。加强队伍建设,形成思想政治、心理教育、舆论宣传和安全保障协同发展的师资结构,以具备应对突发事件的能力。

3.技能保障。对学校相关人员进行业务培训,具备能够承担起为全校师生进行综合服务的能力。

4.物资保障。安排必要的经费预算、物质资源、医疗救护等后勤保障,提前做好应对突发事件的准备。

问题8:如何确保高校心理干预应急机制的有效运行?

应急心理干预机制建设是大学校园应急体系的重要组成部分,直接体现着一所大学的应急管理能力水平。构建以学生为中心,全员参与、协调的应急机制,必然要对非常规突发事件所引发的心理问题及应急心理危机进行有效干预。

1.建设并完善校园应急心理干预机制

主要体现在深化校园心理危机应急机制的研究、多部门协调应急响应工作、提高对心理危机的综合研判能力、实施危机干预的条件保障。首先,开展校园心理危机应急管理的研究，通过科学调研、学术发表、经验分享和实践等方式，从理论和实践两个方面进行研究；其次，科学编制大学校园心理危机应急预案，兼顾规范性与可操作性；再次，加强校内各部门、各学院的联动，形成多元化的危机干预体系；最后，加强与各级政府、专业部门、社会服务机构的合作，完善心理危机干预的资源，形成高校心理危机应急响应工作的强大合力。

2. 建立三级应急心理预防和干预体系

一级预防主要是对全校师生开展心理健康知识的普及，目标是降低心理障碍的发生率，在潜在的伤害发生前，对其进行干预以减少问题的出现。可以通过心理学课程、心理讲座、心理沙龙、团体心理辅导等形式，提升师生的心理素质，增加心理韧性，不断地完善自己的人格。

二级预防主要针对处于困境或有心理障碍迹象的师生，也叫早期干预，目的是识别出他们可能存在的问题，减少心理问题和心理障碍的发生。师生可以通过心理咨询、心理治疗等方式，不断地觉察自己的问题，获得改善。

三级预防主要针对的是已经患病的师生，目的是减少精神障碍的强度和持续时间，避免出现严重心理疾病。可以通过药物治疗、心理治疗、心理与药物相结合的形式，预防精神疾病的复发。

3. 进行应急心理危机干预

心理危机干预需要多职能部门、多人团队协作共同完成。高校要成立以校领导为组长的心理危机应急干预工作领导小组，进行统筹指挥、及时发布命令；学工处、保卫处、校医院、后勤集团、心理中心和学院等部门作为小组成员共同参与到危机干预中，进行协调管理，提供必要的资源和保障；学校心理咨询师、辅导员、班级心理委员、寝室信息员作为第三级，主要负责在一线搜集信息，并及时将相关信息上报指导小组，方便工作小组及时地做出决策。

心理危机应急机制的建立如图3-1所示。

高校非常规突发事件心理调适工作指南

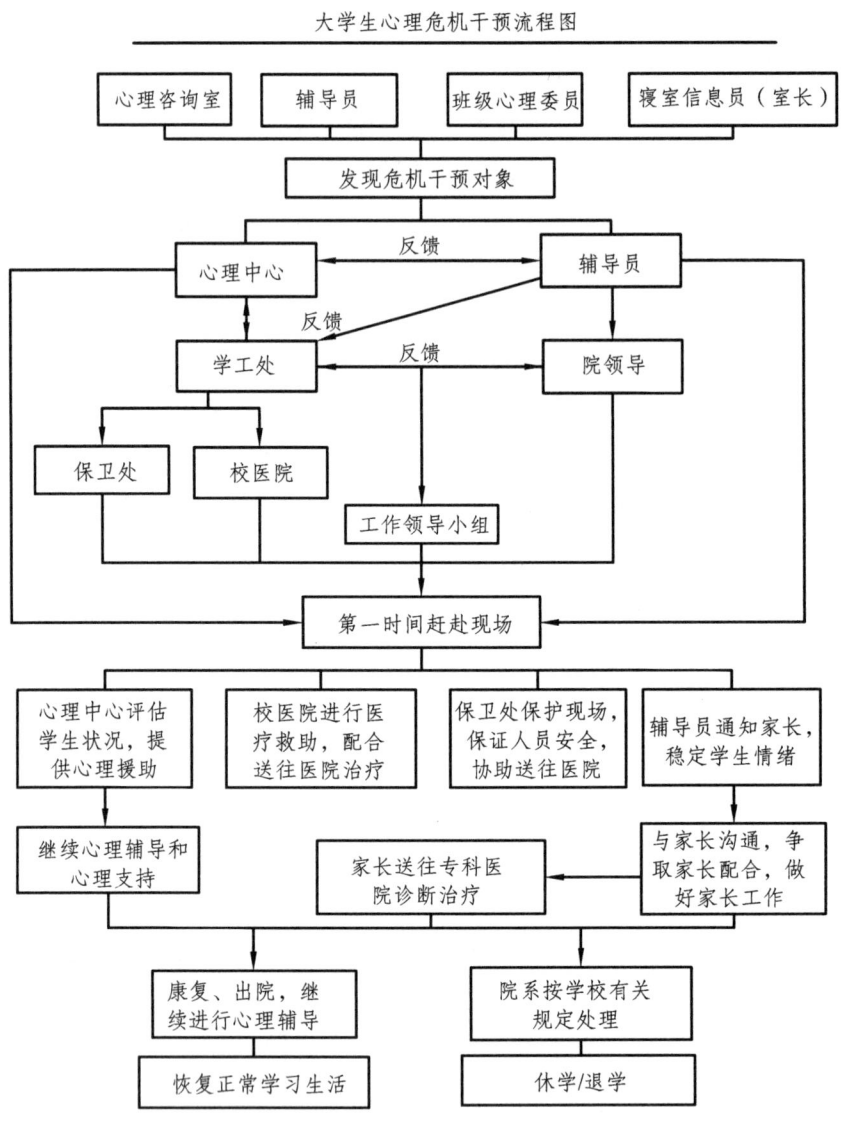

图 3-1　心理危机干预流程图

第四章
非常规突发事件下学生的心理调适

【内容提要】

大学生的心理活动有不同于其他年龄阶段人群的特点。在非常规突发事件中,心理辅导老师必须依据大学生和研究生的心理发展特点以及具体的应激反应,综合运用自我心理调适、个别心理辅导技术和团体辅导技术,帮助他们有效地应对压力。

此外,在华留学生在非常规突发事件中,往往会表现出心理恐慌、孤独无助、文化休克等特点,需要针对他们具体的心理需求加以支持和辅导。

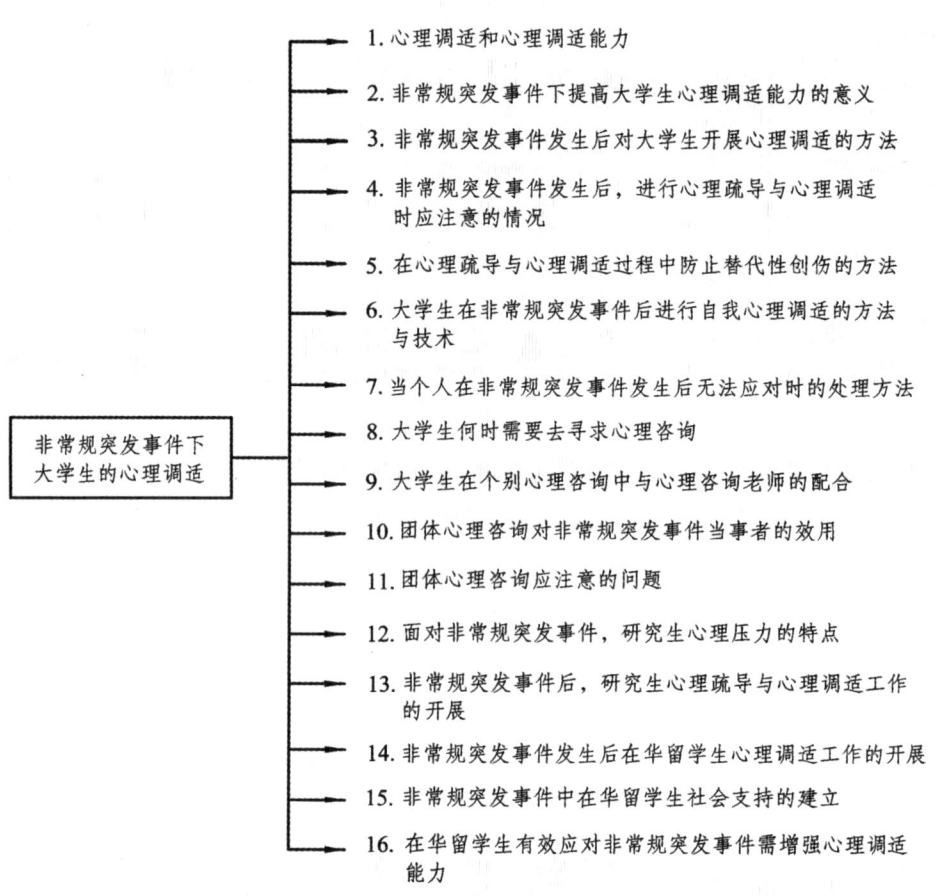

【内容解答】

问题 1：什么是心理调适和心理调适能力？

心理调适（mental adjustment），又称为"心理调节"，是运用心理学原理、方法、技术对个体的认知、情绪、意志、意向等心理活动进行调整，以保持或恢复正常心理状态的实践活动。心理调适可分为自我调适与他人调适两种，他人调适又包括个体心理辅导、团体心理辅导。

心理调适能力，是指个体在面对内外压力时，通过自身各种反应形式，以对自己有利的变化来应对这种压力，从而让自己有更好的生存能力和适应能力。

问题 2：在非常规突发事件下为何更需要提高大学生心理调适能力？

由于非常规突发事件通常具有难以预见、处置紧迫、危害严重和影响广泛的特点，因而其无论对社会还是对个体健康都会产生严重影响。遭遇突如其来的非常规突发事件，意味着个体可能面临重大应激。应激是一种紧张状态，个体在危机情境中，常不知所措，并伴随认知能力下降、恐慌、焦虑、抑郁、强迫，甚至失控、失能。如 2020 年在确认武汉地区出现新冠肺炎疫情后，人们的情绪，如平静、紧张、恐惧、无助均表现出显著差异，在此期间，过度储备现金和食品等非理性行为急剧增加。研究表明，个体在面临非常规突发事件的应激中，不仅个体的机体免疫系统严重受损，如增加呼吸道病毒感染的概率（Cohen，1991），而且会使人的整个心理系统出现严重障碍，如调适障碍（Adjustment Disorder）、急性应激障碍（Acute Stress Disorder）、创伤后应激障碍（Post-Traumatic Stress Disorder）和极度应激障碍（Disorder of Extremestes）（Milgram，1998）。

学校作为一种特殊的社会组织，通过培养学生进而影响社会的存在和发展。身心健康是学生成长和发展的基础和保障。然而青年学生的身心正处于成长发育的过程中，在非常规突发事件的情境下，他们缺乏应急能力，不能正确评估风险信息，难以保护与调适自己的心理，非常规突发事件对他们的生理与心理系统造成的伤害将长期严重影响他们未来的成长与发展。因此，重视非常规突发事件中的学校心理健康教育与增强学生心理调适能力就显得尤为必要。

问题3：非常规突发事件发生后如何引导学生开展心理调适？

由于社会的高速发展，特别是近十年来频繁出现重大应急事件，社会、学校和个人越来越重视心理建设工作。围绕着非常规突发事件，大学生的心理建设工作包括预防、预警、疏导、干预四个方面。心理疏导和调适工作也不再局限于突发事件发生之后，而是贯穿预防、预警、疏导、干预四个阶段。在每一个阶段，心理疏导和调适的重点有所侧重。

在预防阶段，重在心理健康知识的普及、心理健康意识的增强。这一阶段的心理疏导和调适工作重在传播和普及心理健康理念和方法。可以开展大学生心理调适知识的教育普及、介绍非常规突发事件下心理调适的预案与流程、心理调适和援助工作队伍的建设等工作。

在预警阶段，重点对学生易感人群进行识别与确定，增强其危机防范意识，正确认识应激心理。可以多渠道收集、分析学生易感人群的心理健康状态，建立重点学生人群关注库和相应的心理档案，便于追踪和监测；及时掌握非常规突发事件相关的舆情，动态掌握应激心理的变化。可以综合运用多种媒体渠道，引导舆情，传播正能量。

在疏导阶段，对重点学生分级进行干预。根据亲历者的应激心理响应反应，分级分类进行心理疏导。综合运用测评等方法，结合大学生心理健康档案，分级开展心理疏导和调适工作。对一般亲历者，充分发挥辅导员、学生心理教育骨干的力量，统一组织，建立培训、报告、考核的完备体系，积极开展心理辅导和朋辈心理辅导；对有明显应激心理反应的亲历者，应该综合运用个别心理咨询、团体心理辅导等方法，帮助学生进行心理建设，引导其进行心理疏导。

在干预阶段，对出现明显的心理症状或疑似心理障碍的大学生提供医学帮助和长期的专业辅导。

> **问题 4**：面对非常规突发事件，在进行心理疏导与调适的时候应注意哪些情况？

在开展心理疏导和调适工作的时候，要重视学生自身的心理特征。非常规突发事件是外因，学生自身的心理抗压能力和复原力是内因。要在对学生心理特征的理解和把握的基础上对学生进行心理调适。

（1）自我分裂与统一。经过青春期自我意识的觉醒，大学生们已经意识到自己不再是儿童，把视线移向自己的内心世界。进入青年初期的大学生主要发展任务是认识自己的内心世界，在体验自我矛盾性和内心冲突的尖锐性的过程中，努力寻求自我的统一，形成独立的人格。一般来说，大学生对自己的认识，充满矛盾和冲突。在遭遇非常规突发事件的时候，世界观、人生观、价值观会受到不同程度的冲击，对自我和生命的认识和理解也会受到影响，难免对自身的认识产生迷茫，容易失去人生奋斗的方向。所以，对此类大学生进行心理调适，重点是需要引导他们多视角认知自我和社会，以积极心理视角进行价值引导，帮助他们尽快确定自我同一性。

（2）情绪动荡起伏。青年初期的大学生会表现出明显的情绪两极性特征，既精力旺盛，又容易疲倦；既有自信、自高自大，又怕羞、自卑；既期待友情，又希望孤独；既有利他主义，又有自私倾向。情绪的两极化容易导致大学生放大在心理应激过程中的情绪，情绪转换频繁，容易导致"情绪崩溃"的极端现象。对此类情形的大学生进行心理调适，可以通过诸如音乐、运动、正念、瑜伽、放松等方法进行情绪调适。

（3）对交往的需要。人际交往是大学生成长过程中的一种主要社会性需要。尽管大学生存在明显的自我封闭性，但其内心依然渴望得到理解与尊重，并希望摆脱孤独，获得真心的朋友。交往是大学生走向成熟的必由之路，大学生必须经历社会交往，才能实现充分的社会化，即由自然人到社会人的转变。在应激心理响应过程中，强大的社会支持对抵消突发事件带来的负面影响具有积极的作用。所以，要帮助大学生建立有效的社会支持系统。

（4）高阶性思维与社会阅历缺失并存。进入青年初期后，大学生具备高阶思维的能力，能够运用抽象思维进行分析、推理和判断。但另一方面，青年人缺乏社会阅历，对事物、对人生的理解往往不全面；对于一些正确的、但未经自己证实的观点，容易采取偏激的认识倾向。在非常规突发事件中，大学生容易被某些看似合理的言论迷惑，固执地相信并传播谣言，对事情产生偏执性的认识。对此，需要重塑大学生的认知。通过认知行为疗法，帮助大学生认识到自己认知上的片面性或错误，通过对错误认知的驳斥和以正确认知替代错误认知，使其能明辨是非、不信谣不传谣，全面客观正确认知所发生的非常规突发事件。

问题 5：在心理疏导与调适过程中如何防止替代性创伤？

替代性创伤是心理应激中常见的一种心理现象，是指当事人间接性暴露于非常规突发事件信息中所产生的不良心理反应，属于非常规突发事件产生的次生伤害。在发生诸如地震、火灾等非常规突发事件后，不少大学生并没有亲自经历灾害现场，但通过视频、图片、言语交流等媒介间接暴露在这些灾难场景中而产生了不良心理反应。替代性创伤主要与个体的人格素质有关。

在开展心理疏导与调适过程中，应该尽量避免产生替代性创伤。一是需要在应急管理阶段，减少创伤场景的暴露，因为那些令人不适、不安、痛苦的场景暴露，很有可能会令人出现闪回症状，也就是在以后的几天甚至更长时间中，脑海里会不由自主地反复重现这些令人不适、不安、痛苦的图像，从而极大影响心情甚至生活。尤其当事人及其家人必然会受到二次创伤。二是传播正能量，增强社会心理建设。三是在运用团体辅导等技术时，应注意参与人员的易感性，避免在疏导、调适的过程中出现或加重不良心理反应。

第四章 非常规突发事件下学生的心理调适

Q&A 问题 6：当出现非常规突发事件后，大学生应该如何进行自我心理调适？

非常规突发事件亲历者的自我心理调适是心理调适的重要组成部分，也是非常规突发事件发生后开展心理建设的重要方面。积极心理学认为，每一个人自身都存在积极的心理建设力量，具备自我心理保护的能力。在非常规突发事件发生后，大学生可以尝试采用以下方法进行自我调适：

（1）及时适度地宣泄。当我们不能通过接纳消化负面的心理和情绪感受时，我们应该选择合适的方式或途径及时地、适度地进行宣泄。比如，在经历非常规突发事件之后，想哭的时候就痛哭一场，寻找同学或朋友进行倾诉，观看一些轻松幽默的视频，跑步等。

（2）积极地自我暗示。在非常规突发事件后出现一些不良的应激心理状态都是正常、合理的。出现非理性的认知也是正常的，应该接受而不是排斥和自责，并且积极地进行自我暗示，这样有助于重建内心的安全感。接纳这些应激心理反应和情绪，才能以一个更好的姿态来面对和处理面临的问题和挑战。

（3）分散注意，避免过度警觉。可以做一些自己想做的事情，做一些适合自己的放松练习，注意的分散、身体的放松都能有效地降低心理的紧张感。

（4）重塑对非常规突发事件的合理认知。从积极心理学的角度重塑对非常规突发事件的认识，抵消不合理认知带来的消极影响。任何事情的发生，都有其积极的意义。应该尝试从积极方面寻找非常规突发事件带来的影响；同时，要相信事情总会向好的方向发展，遇事沉着冷静。

（5）重塑对事件的认识，重新诠释生命的意义。不少人在灾难发生后，世界观、人生观、价值观会不同程度受到冲击，特别是大学生，正好借此机会尝试着重新认识生命的意义，重新审视自己的人生。

（6）寻求社会支持，和亲朋好友待在一起。即使在非常规突发事件发生前您是个很独立的人，当非常规突发事件发生后处于团体之中更有安全感，并能更好地获取社会支持。

（7）从能够做到、办到的事情入手，逐步解决面对的困难。解决非常规突发事件带来的挑战，需要考虑自己的胜任能力。从能够做到、办到的事情入手，制订改变的计划方案，并去执行方案，以获得安全感和掌控感，尽快恢复到非常规突发事件发生前的生活节奏。

Q&A 问题 7：在非常规突发事件发生后，当个人无法应对的时候，应该如何处理？

进行自我心理调节的前提是非常规突发事件给亲历者带来的是挑战，而不是威胁。所谓威胁是指非常规突发事件带来的影响，是我们无法解决或面对的。比如，导致我们身体残疾，居住的房屋坍塌等。这是我们靠一己之力无法解决的。这些后果往往对我们而言是威胁，很多人在内心难以接受。当遇到这些自己难以释怀、无法调适的困扰，建议大家可以接受专业人士的帮助和引导，到学校心理中心寻求专业的帮助。

国家非常重视大学生心理健康，现在每所高校都成立了心理健康教育机构，配有专职心理教师为全校学生提供免费的心理咨询服务。当同学们遭遇突发性事件引起了心理失衡而不能自我应对时，可以去学校的心理健康教育机构寻求帮助，以此得到专业的心理支持和帮助。当然，如果出现了疑似病理性症状，老师会建议或转介到精神科专业医院求助，而不能只依靠学校的心理咨询。

Q&A 问题 8：在什么情形下，我们可以考虑主动寻求心理咨询？

心理咨询，是建立在来访者和咨询师之间信任关系的基础上，咨询师通过言语、表情、肢体语言等媒介，或应用沙盘、绘画、催眠、意向对话等技术帮助来访者更好地探索和认识自己，引导和启发来访者借助自身力量解决问题的专业助人过程。

心理咨询有两个重要的基础，一个是心理咨询的科学理论体系与实务，另一个是专业并且符合伦理的基本设置。心理咨询师必须经过专业和系统的培训，掌握心理学相关理论知识和相关专业技能，并且严格遵守伦理规范，才能帮助来访者解决心理方面的问题。

心理咨询根据咨询内容可以分为四类：

1. 发展咨询

发展性心理咨询，可以帮助人们提高自我认识的能力，挖掘心理潜力，促进自我充分地发展。随着社会物质文明和精神文明水平的不断提高，人们越来越关注如何实现自我价值、全面提高生活品质，比如提高学习和工作能力、保持最佳发展状态、维护安宁的生活环境、提升主观幸福感。心理咨询作为一种专业技能，可以帮助人们调整内心世界，开发潜能，提高创造性，增进幸福感。

2. 教育咨询

教育心理咨询，主要是针对个体在成长过程中都会遇到的诸如学习困难、人际交往、情感困惑等方面的心理困扰，即"成长中的烦恼"，给予心理教育和心理辅导。

3. 健康咨询

健康心理咨询主要是针对不够健康的对象，即凡是因为某些心理社会刺激而引起心理状态失衡的人，并且明确体验到躯体或情绪上的困扰者，都可以是健康心理咨询的对象。个体在生活、工作、学习、家庭、疾病、康复、婚姻、育儿等方面出现了心理问题，一旦体验到不适或痛苦，就需要求助于心理咨询。

4. 临床咨询

临床心理咨询主要针对各种心理障碍和心理疾病的咨询和治疗，如各种神经症、心身疾病、轻度精神障碍等。

因此可见，心理咨询面向所有人，不仅仅只是针对有心理问题的人。如果你想借助心理学的原理、方法与技术更好地认识自己、开发潜能，更好地全面发展、实现自我，那心理咨询可以帮助你；如果你因心理困扰而影响了自己社会功能的正常发挥，不能正常学习、生活、工作，而自己不能应对时，那就需要主动寻求心理咨询；如果遭遇到突发性事件打击，心理状态完全失去平衡，无法正常生活、工作，就更需要寻求心理咨询甚至心理治疗了。

学校心理健康机构主要是进行前三种咨询，第四种咨询在专业医院进行。心理咨询的任务就是要教会来访者学习某些策略和新的行为模式，从而能最大程度地发挥自己已有的能力，或者形成更为适当的应变能力。

此外，心理咨询根据咨询的规模可以分为两类：个体心理咨询与团体心理咨询。根据咨询的途径可以分为线下咨询（如门诊咨询、现场咨询）、线上咨询（视频咨询、语音咨询、电话咨询）两类。

问题9：在接受个别心理咨询过程中应该如何配合心理咨询老师？

在开展个别心理咨询的时候，心理咨询老师主要采用沟通技术、支持技术和干预技术，引导非常规突发事件亲历者进行心理疏导和主动改变。大学生既然主动接受心理咨询，就需要主动配合心理咨询老师，这才能够使心理咨询的实效最大化。在心理咨询过程中，应该注意以下方面：

（1）良好咨访关系的建立。个别心理咨询是否深入，最重要的是咨询老师和来访学生的关系是否良好。人本主义心理学家罗杰斯曾说，良好的咨询关系是有效心理咨询的一半。来访学生应该主动放下自我防御，信任咨询师，坦诚地沟通与交流，促进双方建立良好的合作关系，从而达到最佳的咨询效果。

（2）求助意愿强烈，主动完成任务。来访学生求助动机强，就能在咨询过程中主动配合咨询老师，在心理咨询结束后主动完成家庭作业；在每次主动接受心理咨询前，主动梳理内心的困惑，避免给出矛盾的信息，聚焦问题，确保每次的心理咨询高效。研究表明，心理求助动机强，就会产生良好的依从性，咨询效果更佳。

（3）勇于质疑，积极改变。对心理咨询过程中不明白的地方，要主动与咨询老师澄清。主动在咨询老师的引导下寻找改变的"突破口"，制定心理、情绪与行为改变的方案，主动积极寻求改变。

（4）具有过程观。心理问题的产生是从量变到质变的过程，所以减轻和消除心理问题也需要一个过程，这是一个螺旋式上升的过程。来访学生应该意识到改变的反复性，有耐心接受在改变过程中出现的反复情形以及一些习惯的阻碍。

问题 10：团体心理咨询对非常规突发事件当事者具有怎样的效用？

团体心理咨询（Group Counseling），也称团体心理辅导、小组辅导。团体心理咨询是通过团体内人际交互作用，促使个体在交往中通过观察、学习、体验，认识自我、探讨自我、接纳自我，调整和改善与他人的关系，学习新的态度和行为方式，以发展良好的生活适应的助人过程。团体是他人引导心理调适的一种重要形式，是在团体场景中接受心理帮助与引导的心理调适。

在汶川特大地震、新冠肺炎疫情等非常规突发事件的心理援助实践中，通过团体内人际交互作用及指导者的引导启迪，促使参与者通过观察、学习、体验，恢复其内心的安全与归属感，促进他们正确认识自我，引发积极情绪，以获得应对非常规突发性事件的力量。团体心理咨询通常针对同类群体的同一类心理困扰开展工作，具有非常强的实际应用效果。

由于非常规突发事件的特殊性，突发事件亲历者团体心理咨询的主题必须结合事件的性质开展有计划的团体活动，主要以教育、训练和干预为手段，以提高参与者面对非常规突发事件的心理调适能力为目的，缓解焦虑、不安等异常心理与行为。

对非常规突发事件亲历者开展特定主题的团体心理咨询，具有如下积极的作用：

（1）能够激励参与者在团体提供的安全环境中针对自己在突发事件中产生的认知、情绪和行为进行沟通和交流，缓冲亲历者因非常规突发事件带来的心理伤害，化解参与者的灾难化思维，并产生心理共鸣。

（2）增进参与者对非常规突发事件情境下对自我和他人的接纳、尊重和关心。

（3）有助于帮助参与者转换看问题的角度，以积极的心理视角促进参与者重新理解突发事件的意义，提升自身生命的价值。

（4）让参与者逐渐掌握非常规突发事件情境下解决问题的能力，并主动面对现实，理解现状，接纳现状，更有信心重新规划未来，树立希望。

（5）引导参与者能够将在团体中所学的新经验、新认识应用到今后类似生活事件的解决。

（6）充分发挥团体心理咨询的预防、教育和治疗功能。

问题 11：非常规突发事件后，进行团体心理咨询时应该注意什么？

团体心理咨询是一个改变过程，这个过程可分为三个阶段：开始阶段、工作阶段和结束阶段。在每个阶段需要注意的事项各有不同，尤其是对非常规突发事件中相关人员进行团体心理咨询时。

在开始阶段，每个团体成员都带着各自的生活经验和创伤，常常有负面消极情绪。与此同时，在一个新组建的群体里还没有建立起基本的信任关系。所以，团体心理咨询的带领者在破冰活动后会引导群体成员商定团体契约。作为参与者，在认同团体契约后就需要严格遵守团体成员之间共处的基本原则以及必须承担的责任。同时，为了增强团体成员的凝聚力和安全感，促进相互信任，在团体心理咨询活动中需要主动表达自己的不安和期望，并且多以示范性方式和行为增强相互的交流。

在工作阶段，团体成员需要主动从认知、情绪、行为等多层面进行深层次的自我探索。以自身的言行主动带动其他成员订立目标，积极地进行自我改变。

在结束阶段，团体成员主动积极地分享自身的改变和成长，促进团体成员分享，以同辈的角度引导其他成员认识到自己想要的改变和如何实现变化，强化改变的方法，以促进心理调适技能的迁移。

特别要注意的是，对非常规突发事件中相关人员进行团体心理咨询时，团体带领者需要 2~3 人，一方面能全面关注和关照所有团体成员的情况；另一方面能对团体活动中出现情绪或行为异常的成员及时进行辅导和处理。

问题 12：面对非常规突发事件，研究生承受的心理压力有何特点？

在非常规突发事件的背景下，研究生承受的心理压力一方面来自突发事件带来的认知、情绪等冲击，另一方面来自突发事件对日常压力结构性地放大和凸显。一般认为，研究生日常压力由生活压力、学业压力和就业压力三方面构成。

（1）生活压力：分为经济压力和生活适应压力。经济压力是一种较为稳定的、来自经济方面的生活压力，又分为支付和效益的压力。支付压力就是指研究生支付基本学费和生活费的经济压力，是一切压力的基础和源泉；效益压力是指价值产出问题，即不读研与读研后收入提高，以及社会地位和工作环境改变所带来的增值之间的对比压力。生活适应压力包括语言、地域文化、角色以及由恋爱、婚姻、家庭而带来的生活适应压力等。

（2）学业压力：它是研究生压力结构中的核心内容，包括基本课程压力和研究性压力。基本的课程压力又分为考试压力和课程论文压力，其中考试压力又分为公共课和专业课的压力；研究性压力既是学业压力中的核心压力，又是研究生总压力中的核心部分，包括学位论文、导师任务、论文发表等三个方面的压力。

（3）就业压力：它是一种终极性压力，随着毕业时间的临近，就业压力越来越大。它又分为同比、社会转型和求职等压力。①同比压力是指研究生由于角色改变而形成的心理压力，包括自我同比压力和社会角色同比压力。②社会转型压力是由于知识的更新，应时代的挑战而加深的心理压力。③求职压力分为反差压力和职场压力。反差压力如期望与现实差距过大而造成的心理压力，高校与社会脱节而造成的心理压力，专业不对口而形成的心理压力等。职场压力为目标性压力。

在非常规突发事件的冲击下，研究生群体除具有本科学生的某些共性之外，因为思想更成熟，自我同一性发展水平更高，因此往往能更好地应对压力。据我们在新冠肺炎疫情期间对在校研究生和本科生的调查表明，在疫情带来的压力水平上，两者间并不存在显著差异，但研究生的心理健康水平高于本科学生。

同样，非常规突发事件对研究生日常压力的结构性改变也应遵循具体情况具体分析的原则。以新冠肺炎疫情为例，疫情本身构成的心理压力相对较小，但自我隔离造成了对日常工作生活方式平衡性的破坏，从而引起身心方面的诸多不适。同时，长时间与父母生活在同一屋檐下，子女和父母都以各自的价值标准去评判对方，心理是很难相容的，代际差异往往会导致较大的亲子矛盾。而疫情引起的长时间停学停课，同时加剧了考试压力和研究压力；经济增长的放缓又在一定程度上加重了就业压力，从而构成了不同于地震等非常规突发事件的压力结构。

问题 13：在非常规突发事件后，如何有针对性地做好研究生的心理疏导与心理调适工作？

一是及时给予心理支持和心理辅导。做好研究生心理疏导和心理调适工作，需要在日常工作中重视研究生心理健康教育工作，加强心理健康知识的传播与普及，建立并完善危机预案和处置流程。在非常规突发事件发生后，通过多种方式及时给予心理支持和心理辅导。

二是发挥导师的心理健康引导作用。与大学本、专科学生相比，研究生群体相对比较松散，除研一集中的课堂学习外，大多数时间都是跟随自己导师进行专业学习和研究，由导师直接指导。导师是研究生学习过程中的关键人物，是研究生培养的第一责任人。在研究生的整个培养过程中，导师自始至终起着引路、指导、督促的作用。导师的人生态度、道德情操、人格品质、思想方法和学术作风等也时刻影响着研究生的成长。

在非常规突发事件中，导师要充分发挥第一责任人的作用，随时与研究生保持联系，关注研究生心理健康，指导他们在受限的条件下解决学业和科研问题。当发生非常规突发事件后，导师应主动与研究生保持顺畅的沟通、与学校【学院、研究生处（院）】保持沟通，及时化解突发事件带来的消极影响。同时，研究生导师应掌握一定的心理健康知识，熟悉一些心理疏导方法，积极引导研究生树立正确的世界观、人生观、价值观，塑造健全的人格。

三是开展朋辈心理互助活动。相关研究结果表明，大多数的研究生在遇到心理困扰时，首先想到的倾诉对象是朋友和同学，朋辈之间年龄相仿、经历相近，更便于相互理解和沟通，心理距离也更接近。应该充分发挥研究生心理委员的作用。此外，还可以组织一批热心并且适合为同学提供心理辅导的学生（尤其是心理委员）开展朋辈心理互助，积极引导研究生缓解心理压力。

问题 14：非常规突发事件发生后，如何引导高校在华留学生进行心理调适？

改革开放以来，不少外国青年将中国作为留学目的地。特别是我国发出"一带一路"倡议以来，留学生人数逐渐增多。来华留学生大多处于青年初期，是一个逐渐走向成熟而又未完全成熟的时期。同时，中西方文化、习俗、语言等差异的存在，也在客观上加重了他们的不良心理反应。在发生非常规突发事件的时候，疏导在华留学生的应激心理状态，首先要注意以下几点：

一是及时阻断恐慌心理。当非常规突发事件发生后，留学生会通过网络媒体等各种渠道了解到底"发生了什么"。但由于文化和语言迥异，汉语水平较低的留学生看不懂中国媒体的新闻，有的人担心自己如果发生意外后无法与人正常交流，难免会出现恐慌心理的蔓延。此时，学校需要及时向留学生通报非常规突发事件相关信息，特别是政府、学校采取的应对措施；学校心理中心要针对留学生实际情况，通过发放心理自助手册、讲座、团体心理辅导等及时对他们进行心理教育、情绪安抚等，以消除其恐慌心理、稳定其情绪，增强安全感与稳定感。

二是增强社会支持，避免产生强烈的孤独无助感。研究表明，良好的社会支持系统对恢复非常规突发性事件亲历者的心理平衡发挥着非常重要的作用。作为身处异国他乡的留学生，在非常规突发事件面前，身边没有亲人和朋友的关心、照顾，一方面担心自己的身体健康；另一方面还要克服语言障碍，以有限的汉语能力去甄别网络媒体上充斥着的各类"真""假"信息对内心的冲击，他们由此会感到孤独无助。此时，相关领导和老师需要来到留学生中间，解决他们当下的所需，给予关心，让他们感到温暖和被支持。心理中心就留学生的这种情况，通过心理沙龙、团体心理辅导活动或个体心理咨询，引导留学生去扩展自己的人际交往圈，促进与中国学生的交流，增进人际互动，以构建良好的社会支持系统。

三是注意文化休克（cultural shock）现象，降低非常规突发事件后罹患应激障碍的风险。由于地理环境、宗教信仰、风俗习惯、语言能力、文化观念等方面的差异，在华留学生中有很多人出现紧张、焦虑、沮丧等不良情绪，再加上突发类事件消极影响的叠加，不少人容易出现应激障碍。针对此现象，在心理辅导中可以通过多种活动重点帮助留学生了解中国文化、留学所在地的亚文化和风俗习惯，特别是帮助他们解决实际问题，如学习、生活、交往等，这些都有助于缓解或消除他们的焦虑、紧张情绪。

问题 15：非常规突发事件背景下，在华留学生如何寻求社会支持？

社会支持，是一种特定的人际关系，通常是指来自社会各方面包括父母、亲戚、朋友等给予个体精神或物质上的帮助和支持。社会支持主要具有 4 种功能：情感支持，就是让当事者感到有人关心、爱护他们。如共鸣、信赖。物质支持，是指提供物质和行动上的帮助以消减紧张和压力。如财物、援助行为。信息支持，是指向当事者提供有助于他们解决问题的事实和建议，以及相关信息。评价支持，是指提供有关自我状态评估的资料和方法技术等。

社会支持的来源：领导的支持，最常见的形式是信息和物质支持；同事和同学间的支持，多以信息和情感支持的形式出现；朋友和家人的支持，一般来说是情感和物质上的支持；心理服务专业支持，主要是提供专业指导，在情感和物质方面给予支持，以提高当事人的自助能力。

在华留学生在遇到非常规突发事件时，首选的社会支持是家人和亲戚朋友，其次是外国同学、在华的本国人和中国同学、朋友、老师。在非常规突发事件发生后，留学生可以通过以下方式与自己的社会支持系统保持联系，以便在需要时能及时获得帮助。

一是通过互联网与国外的家人、朋友分享感受，建立连接，寻求家人、朋友的理解与支持；与室友互相帮助、鼓励、陪伴和支持。

二是主动学习中国人常用的社交软件，如微信、微博、讯飞等App，方便与朋友和老师联系；熟悉常用的网络语言，通过互联网、电视、电台、报纸、杂志等媒介了解突发事件的进展，做到心中有数。

三是主动与高校负责留学生的老师、院系辅导老师、学生组织、校国际学生中心等取得联系。

四是如果经过反复尝试仍不能缓解情绪，请向学校心理咨询中心等机构的专业人员寻求帮助。

问题 16：为应对非常规突发事件，在华留学生应增强哪些心理调适能力？

非常规突发事件对高校的正常教学及学生的心理健康都将造成一定的影响。作为高校的在华留学生，背井离乡到了一个陌生的异域文化环境里学习，为了有效应对各种非常规突发事件，必须增强以下心理调适能力：

一是提高语言沟通能力。语言关是在华留学生要克服的第一难关。在应对突发事件过程中，顺畅、准确的语言沟通交流非常必要。因此，留学生应积极加强对中国文化和汉语的学习，熟练掌握一些语音翻译器等辅助工具，紧急突发情况下能帮助自己有效沟通和交流。

二是增强适应能力。留学生离开自己的国家来到一个陌生的国度，会产生一定的陌生感，加之文化和语言迥异，导致留学生在学习生活和社交活动中产生较大的障碍和困难。在华留学生应该采取包容开放的态度，尽快接受并融入当地生活。通过各种途径了解中国，适应中国的生活。

三是提升心理承受能力。面对非常规突发事件时的应对方式主要是依靠自己解决的在华留学生，首先要有自助的意识，平时需要掌握一些心理健康知识和相关心理调适技能，在遇到情绪不好或者心理紧张的时候，首先尝试自我调适，学会客观思考影响自身情绪的各种因素，采取积极的方式应对。其次要具备一定的求助能力，对自身解决不了的心理压力应及时向同学、朋友、老师及心理咨询中心的专家求助。

四是加强应急反应能力。一是要掌握各类非常规突发事件的应急基础知识；二是在面对非常规突发事件时能够保持冷静，迅速做出积极的、避免伤害的判断和决定；三是要相信中国政府和学校，信任学校老师和身边同学，采取积极果断的应对措施。

第五章
非常规突发事件中的教师心理调适

【内容提要】

在非常规突发事件中,教师因为直接面对学生的学习和生活,有"以身示范"的责任。因此在非常规突发事件中,教师正确的角色和职责定位、合理且积极的压力应对,不仅有助于保持教师自身在突发事件中的稳定性,同时有助于带动学生更积极平和地应对所处的危机。

因此,本章主要讨论三个方面内容:非常规突发事件中,不同职能教师的角色和职责定位;非常规突发事件中,不同职能教师面临的工作压力及其应对;非常规突发事件中,高校教师共有的心理不适及其应对。

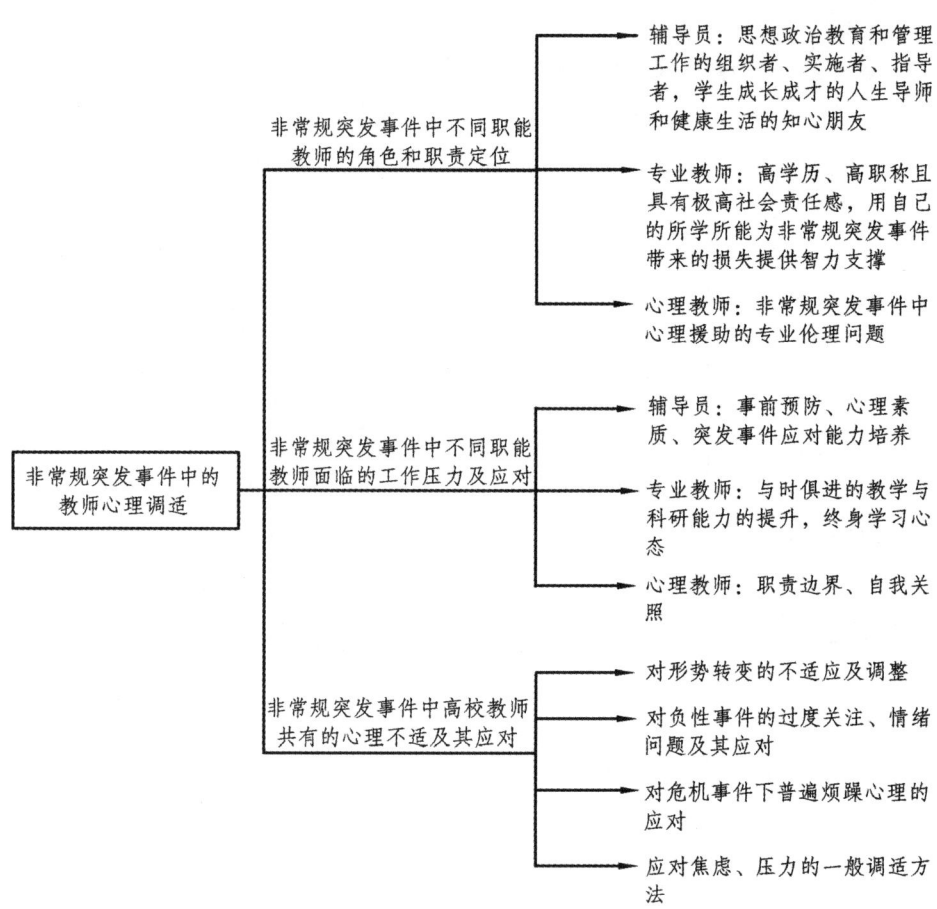

【内容解答】

问题1：非常规突发事件中，高校辅导员如何进行角色定位？

《普通高等学校辅导员队伍建设规定》(教育部第43号令)明确指出，高校辅导员是高校学生日常思想政治教育和管理工作的组织者、实施者、指导者，辅导员应当努力成为学生成长成才的人生导师和健康生活的知心朋友。辅导员是学工队伍中特殊的存在，工作范围包括思想理论教育和价值引领、党团和班级建设、学风建设、学生日常事务管理、心理健康教育与咨询工作、网络思想政治教育、校园危机事件应对、职业规划与就业创业指导、理论和实践研究等。在把握大学生思想动态方面，辅导员具有得天独厚的优势。

当出现非常规突发事件，辅导员首先扮演的是应急服务人员的角色，需要将培训所得的心理健康服务技能充分展示。在预防阶段，需要对自己所带的学生能够分类疏导，尤其要注意易感人群；在应急处置过程中，分级分类干预，主动引导重点人群接受专业帮助和干预；在干预后，实现家—校—医的配合，协助学校心理中心和家长，使心理干预的重点人群，特别是罹患心理障碍的人群接受专业精神科医院的治疗。

其次是沟通联络人员。一方面要及时将突发事件的信息与学生、上级领导进行沟通，做好沟通的桥梁，另一方面要及时引导舆情，增强学生的正能量。

问题2：非常规突发事件中，高校专业教师应该从哪些方面担当起自己的职责？

大学教师是高学历、高职称并且具有高社会责任感的群体，面对非常规突发事件，他们不甘愿成为"观望者"，而愿意用自己的所学、所能，为社会尽自己的绵薄之力。那么，在非常规突发事件发生时，大学教师可以从哪几个方面担当自己的职责呢？

第一，以身作则，做好安全防护。教师是社会的公共服务人员，保障自身安全是必需的。所以，教师首先要做好自身的安全防护。以2020的新冠肺炎疫情为例，新冠病毒传染性极强，截断人员流动是专家给出的有效办法，也是当时的基本防疫措施。所以，大学教师应作出表率，模范地遵守这一防疫要求，做好自我的安全防护，为疫情防控做贡献。

第二，与时俱进，提升教学技能。非常规突发事件往往会对教学秩序造成影响。在2020年新冠肺炎疫情最为严峻时，短期内迅速恢复常规教学几乎不可能，2月初，教育部以及相关的教育行政部门已经发出通知，要"停课不停学"，要求各级各类学校大力开展线上教学，大学当然更是义不容辞地走在前列。现代信息技术发展带来的各种新的教育模式体现了一种无处不在、无时不在的全新学习方式，在拓展教学时间空间的同时，也给教师提供了更多展现自身特色和水平的机会与平台。此次疫情中，众多高校纷纷以此次全面开展线上教学为契机，要求教师进一步转变教学理念，深入开展教学研究，真正将信息技术融入教学全过程，积极探索适应线上线下教学融合发展的新模式，以提升非常规突发事件下教育教学方面的应对能力。

第三，反应迅速，启动应急科研。大学除了教学之外，还有科研的重要功能。高校人才济济，教师的专业多样化，正好可以从不同的专业领域、不同的层面对非常规突发事件的产生、发展、防控以及城市危机应对、舆论引导、心理干预等多方面进行科学研究，为应对非常规突发事件以及提升未来对类似事件的处理能力提供理论支持与实践指导。

第四，不忘初心，开展社会服务。大学教师在非常规突发事件下，还应该为社会提供富有正能量的思想或精神，直接或间接地服务于社会，万众一心，众志成城，转危为机，战胜非常规突发事件。

总之，在重大的社会问题面前，作为社会中坚力量的大学教师，只有胸怀全局，知行合一，知行在前，才能得到社会的认可，学生的景仰，才能承担起教书育人的神圣使命。

第五章 非常规突发事件中的教师心理调适

Q&A 问题3：非常规突发事件发生后，高校心理教师在紧急心理援助中该如何确定职责边界？

这一问题涉及非常规突发事件中心理援助的专业伦理问题。《中国心理学会临床与咨询心理学工作伦理守则（第二版）》提出了善行、责任、诚信、公正、尊重的伦理总原则。南方医科大学的赵静波教授将其归纳为以下五点。

1. 为所当为：避免产生剥削关系

心理援助中的"剥削"，是指心理工作者为了满足自己物质或心理上的需要，做出损害援助对象权益的行为，这与"善行""尊重"的原则背道而驰。

少数人为了满足个人的"助人情结"、"练手"的需要、研究的目的，甚至经济或名誉上的利益，对当事群体的心理援助变成实质的骚扰。

援助对象能够从中获益是心理援助工作的出发点。即便出于善意的动机，也应在任何时候都充分尊重援助对象的需要。尤其在非常规突发事件发生之初，受灾者对医疗援助、物质救援的需要比心理援助更为迫切，此时的"不打扰、不添乱"就是一种善行。

2. 为所能为：在胜任力所及范围内工作

专业能力再强，也可能出现无法胜任的情况。心理教师在非常规突发事件的心理援助中一旦意识到出现了自身能力难以应对的情况，应及时寻求专业督导或进行转介，并坦诚向对方说明情况。这体现了专业伦理中"责任"及"诚信"的原则。

心理教师的责任还体现在专业知识的科普中，例如帮助民众认识到如新冠肺炎疫情引发的适当恐惧或焦虑都是正常的，甚至是能引发自我保护的必要反应，或认识到什么样的反应需要进一步的心理干预等，增强民众对自身心理状态的科学理性认识。

3. 有所慎为：保密与知情同意

在心理援助工作中，应谨慎对待涉及保密与知情同意的问题。未按照伦理规范的要求保护好对方的隐私也是一种剥削，例如出于炫耀的目的把援助对象的感谢信、留言等发布在社交网络上，或未经援助对象同意将其案例详情用于宣传、教学。

或者，心理教师为了尽快"改善"来访者的当前情绪状态，给出不切实际的承诺、保证等，这从长远看剥夺了援助对象心理成长的机会，也损害了他们知情同意的权利。

此外，在进行非常规突发事件有关的心理援助时，有可能出现涉及公共安全而需保密的情况，心理教师应从公共安全的大局出发，及时、坦诚地告知援助对象有关的保密要求。

4. 为其所为：尊重自主性

有些心理教师助人心切，急于使用一些刚学到的技术，意图改善援助对象的"症状"，或者急于给出指导性建议，草率地对援助对象进行分析。

每个个体的成长轨迹、生活阅历、人格构成都有其独特性和复杂性，尽管面对同样的非常规突发事件的威胁，每个人的具体心理健康状况和内在特点仍然是不同的，心理教师在使用技术、给予指导、进行分析时，应避免把援助对象变成心理技术的"小白鼠"，或者给他们贴上不必要的标签。很多时候，支持与抚慰、理解与尊重、倾听与共情比各种炫目的技术更能让他们获得帮助。

每个人都是自己生命故事的作者，倾听和共情仍然是最基本也最重要的心理援助方式，通过恰如其分地提问调动来访者内在的潜能和力量，是尊重自主原则的体现。

5. 为能久为：持续学习

伦理规范中的"公正"原则要求"防止自己潜在的偏见、能力局限、技术限制等导致的不适当行为"，因此，心理教师需要持续学习，以拓宽视角、精进技能，方能更大限度地减少偏见和技能不足的限制，如参加培训、实习、督导等。

心理教师在进行心理援助前应接受心理危机干预相关的理论与实务的系统训练。在非常规突发事件背景下，心理援助工作很可能以线上视频或电话的方式开展，未受过相关训练或无相关经验的心理教师应提前学习有关内容，以减少工作中的失误，为援助对象提供更切实有效的帮助。

在开展工作前，除了专业技能相关的学习，还应对工作背景、对象进行一定程度的了解，例如，在对新冠肺炎疫情期间的患者、普通民众或学生进行心理援助工作前，应至少掌握当前疫情的动态、工作对象的特征等。

Q&A 问题4：高校辅导员如何应对非常规突发事件中的工作压力？

高校辅导员担负着对学生进行思想政治教育和价值引领、党团和班级建设、学风建设、学生日常事务管理、心理健康教育与咨询工作、网络思想政治教育、校园危机事件应对、职业规划与就业创业指导、理论和实践研究等任务。在非常规突发事件下，辅导员的任务将更烦琐复杂，并且因非常规突发事件的突发性和严重性，也将给自己带来一定的心理压力。

辅导员的压力应对重在非常规突发事件发生前相关心理素质和能力的提升，包括两个方面：

首先是提升辅导员应对工作压力的心理素质。按照教育部关于高校辅导员队伍建设意见的相关精神，高校辅导员是高等学校从事德育工作，开展大学生思想政治教育的骨干力量，是大学生健康成长的指导者与引路人。在非常规突发性事件面前，辅导员因其自身的职责要求与岗位优势，更是应急管理的突击队与先遣者。非常规突发事件考验着辅导员的认知辨识能力、敏锐性和应激能力，对于需要长期应对非常规突发事件的辅导员来说，首先需要具备过硬的心理素质。

具体有以下方法：① 强化辅导员的岗前培训和心理健康培训，提高他们对心理素质培养的理论认识水平，培养良好的心理教育能力。② 在实践中强化心理训练，培养良好的心理教育能力。辅导员在思想政治工作的具体实践中，应自觉培养和提升心理教育能力。良好思想政治素质的形成与人的心理健康状况联系密切。一方面，心理健康的人更易于接受思想政治教育，并能内化为自己的信念，外化为自己的行为；另一方面，一些错误的思想与不良品德往往是在不健康的心态下形成或表现出来的，其中一些违法乱纪的行为就是心理障碍的结果。因而，加强心理健康教育有助于身心健康，同时也有利于思想政治品德的形成和发展。因此，辅导员在思想政治教育的过程中，要自觉运用心理学的理论与方法，在具体的工作实践中强化心理教育能力。③ 开展对辅导员心理素质的评价。心理素质是辅导员综合素质和能力的重要组成部分，应把心理素质纳入对辅导员胜任力的评估范畴。运用心理学、管理学、人才学等相关科学理论，研究制定科学的、操作性强的评估标准和办法，组织或聘请相关专业人员联合组成评议小组，对辅导员心理素质、心理教育能力等定期进行综合评估，为提高辅导员胜任力和评奖评优、晋升提供参考依据。

其次，提升辅导员应对非常规突发事件的心理应急能力。非常规突发事件因其突发性、隐蔽性、复杂性、危害性等特点，对我们及时有效地应对带来了极大的挑战，为此，高校辅导员需要不断加强心理应急工作的专业技能学习。辅导员需要以《普通高等学校辅导员队伍建设规定（教育部第43号令）》和《高等学校辅导员职业能力标准（暂行）》为指导，通过参加心理应急专业培训、专业交流、应急技能大赛等多种形式，提高自身的应急处置能力。并将所学运用到实际工作中，引导学生正确看待危机事件中的"危与机"。

问题5：教学方式因非常规突发事件而发生变化，高校专业教师如何应对由此产生的工作压力与焦虑？

以2020年新冠肺炎疫情为例，由于受到疫情影响，为了响应教育部提出的"停课不停学"，老师们都开始了线上教学的工作模式。这对于之前对线上开放课程、翻转课堂、直播、视频会议这些平台和工具比较熟悉的老师不构成压力，而对于相当部分仍习惯于传统的课堂教学的老师们来说，这是一个巨大的挑战。

在此阶段老师们可以做到以下几点，调整自己的心态和行为，以适应线上教学模式。

（1）改变心态，积极应对，提升教学胜任力。"停课不停学"几乎是每次非常规突发事件发生后学校的选择，为此需要教师善于变通、具有与时俱进的学习能力，而不是一味抱怨和回避。各大线上课程平台推出了各种形式的培训和分享，各学校教务处也在邀请老师们进行分享和学习，及时寻求和获取相应的资源，对亟须提升自己线上课教学能力的老师们来说是很重要的。一旦获取相应的技能技巧，老师们有了成就感和自信心，自然就不会焦虑紧张、产生心理抵触了。

（2）放弃完美主义，以学习和成长的心态面对。从线下教学到线上教学，不仅仅是换了教学形式，与学生的互动、教学设计等都发生了很多的变化。大部分老师还处于摸索阶段，需要一段时间的探索和尝试，这就免不了失误和改进。所以老师们需要放弃完美主义，在每次教学中尝试与摸索、寻求学生的反馈和意见、学习其他老师的经验教训，慢慢探索出适合自己的线上教学模式。

（3）放下包袱，以平常心与学生互动。线上教学时学生更容易相互交流并与教师互动，如果是权威型的老师，可能感觉不习惯，所以需要教师心态平和，以平常心与学生互动，这样就容易理解学生参与教学的心理和惯常行为，也就能充分发挥学生在教学中的主体性。

（4）营造工作环境，设定清晰的边界。由于新冠肺炎疫情期间师生在家隔离，所以当时多数教师在家中进行线上教学。这就需要处理好工作与家庭生活的关系，即工作时不会受到家庭成员或家事务的干扰，也不要一直工作而忽略家庭生活；同时需要有一个独立的不受外界影响的工作空间。

问题6：非常规突发事件发生后，高校心理教师如何应对无助感？

非常规突发事件发生后，不少心理教师在进行心理援助时常常有自己帮不了对方的感觉。当心理教师这么想的时候，可能自己已经被一些情绪所扰动，或许是非常规突发事件引发了自己某些曾经没有处理好的伤痛，也可能是因为近期接收到的信息及进行心理援助时听到的故事，让你有了替代性的创伤，也感觉到了焦虑、无助、无望、挫败等情绪。这个时候，我们就需要好好关照自己，让自己恢复自信、有希望的状态。

自我关照（Self-care）是临床与咨询心理学专业人员必备的一项专业胜任力。我们提倡的是积极主动的自我关照，而不是消极的、被动的。积极主动的自我关照，既包括更好更有效地提供心理援助服务（有效的助人会让人感到欣慰），还有主动的自我心理调节（信念、认识、积极乐观、幽默等）以及保持规律的生活作息（如睡眠、饮食、身体锻炼等）。

如何做到自我关照？

首先，坚定信念。比如，看到心理专业人的幸运，在非常规突发事件的当下还有机会帮助他人度过危机；坚信自己的付出一定会有积极的效果，即使不能为求助者解决现实问题，哪怕只是陪伴与同理，也会对他们有益；看到自己的责任，因为让最好状态的自己陪伴求助者是心理专业人的伦理责任，也是取得良好援助效果的条件。如果自己不健康，很可能适得其反，从而伤害到求助者。

其次，坚守专业角色。在非常规突发事件后的心理援助过程中，多做自己能做的和能做好的事，这样会增加成就感，减少无助感，要清楚自己的局限性。心理教师或许很难让求助者不担心、不恐慌，但只要能够有效地表达关心与支持，尽量帮他们重新找回自身内在力量、心理灵活性和现实掌控感（存在感），就是自己工作的职责和意义所在。在非常规突发事件后的心理援助工作中，心理教师自身的示范是极其重要的，如果心理教师保持冷静、平和，求助者也会感到有力量。不要对自己的助人效果期待太高，在短暂的心理援助期间，心理教师无法"话到病除"，甚至也没有必要去深挖求助者的"问题"根源。当前并不是提醒或者处理求助者深层心理状况的好时机，而是需要把注意力放在求助者自身的优势和积极资源上，帮助他们看到自身的优势和掩盖在表面"问题"之下的积极人格、能力、愿望等。这不仅是对来访者有益，也是对心理教师自己的保护。有的时候也需要提醒自己，求助者有时候会对咨询师愤怒，甚至会攻击咨询师，例如表达"你说的这些都没有用"，其实是源于求助者自己的恐慌，而不是针对自己的，所以心理教师千万不要认为是自己的工作毫无价值。

再次，积极关心爱护自己。除了做好科学合理的自我防护外，保持规律、健康的生活作息也非常重要，尽量保障每天适量的运动。心理援助是一项专业性强、消耗身心能量的工作，建议心理教师在一个规范的专业组织团体内开展工作，个人独立工作并不可取。合理安排工作时间，绝不超负荷工作,绝不当四处奔忙的"救火队员"。在一天中,有意识地抽时间离开工作,投身到生活中,兴趣、爱好、家人、宠物等,都可以让你重新吸取能量。更为重要的是,要保持信心,要相信事情总会好起来的。

最后,不要吝啬于求助!向同事、督导、其他心理咨询师甚至心理援助热线求助,都是可以的。

问题 7:因为从事心理服务工作,很多朋友在有心理波动时都会联络我,该如何处理?

其实在非常规突发事件发生后,朋友来倾诉或者寻求建议,这与日常的情形没有太大差异。作为心理教师,一定会有很多同事、朋友、亲人在遇到较大的社会生活事件而心理失衡或不知道该如何应对时,会与自己联系。所以心理教师就如同以往一样,给予恰当的回应和支持,在必要的时候也可以温和但坚定地拒绝。如果你评估他们需要专业的支持和帮助,可以推荐专业的资源给他们。

但如果他们的联络会让自己苦恼,这或许表明你也被非常规突发事件影响,情绪有了波动,所以才对朋友的求助格外敏感。如果是这种情况,建议你优先照顾好自己,不要勉强自己。

问题 8:非常规突发事件导致生活与工作方式发生变化而产生不适应感,该如何调整?

非常规突发事件对各行各业的工作与社会大众的生活都会造成程度不一的影响,如影响至今的新冠肺炎疫情,在很大程度上改变了我们惯常的生活、工作秩序,使人们产生了较大的不适感。为此,可以做如下心理调适。

(1)有序规律安排生活。非常规突发事件打乱了人们的生活节奏和规律,例如晚上困到不行才睡、早上睡足懒觉才醒,甚至吃饭也不规律。长此以往易导致生物钟紊乱、胃口不佳、精力不济、免疫力下降等多种对身心不利的情况,所以有序规律地安排生活是非常必要的。

（2）注意劳逸结合。适度工作与恰当休息，避免免疫力下降；重拾兴趣爱好，适当运动，都可以帮助我们更舒服顺畅地度过非常规突发事件带来的混乱和无序生活。

（3）设立边界，协调家庭关系。在新冠肺炎疫情防控时期，我们与家人相处的时间增加，所以与家人和谐共处是非常重要的。在具体生活中，大家多协调、多探讨、多互相理解，共渡难关；而少评价、少指责、少给彼此添麻烦。寻找各种可以放松、减压的方式。如果可以趁此机会处理和缓和家庭关系中一些不顺畅的地方，就更好。

（4）相互分享，增进沟通。虽然每天的工作和学习都很累，但是在紧密生活在一起的情况下，如果家人之间可以多沟通，彼此分享这一天工作和学习的收获、困难和趣事，能较好地促进家人之间的关系。

（5）互相监督、互不干扰。非常规突发事件后，如果不得不在家学习和工作，就要求自己如同在学校办公一样，如需要一定仪式感，规划好工作与处理家事、休息等时间，营造良好的学习、工作环境，与家人相约互相监督、互不干扰。为自己划定工作区间，为家人划定活动空间。教会孩子学会自主管理时间，可以让孩子列出自己要做的事情的清单，包含学习、家务、兴趣爱好、运动等。无须列出规定时间，但要保证每天从事各项活动的量，让孩子学会自己合理安排时间和管理自己的事务，而家长也能踏实地完成自己的工作。

问题9：非常规突发事件发生后，为什么会过度关注负面消息？如何调整由此导致的心情紧张和低落？

当非常规突发事件发生后，在互联网时代，我们只要开电视或者上网，就躲避不了突发事件的相关信息。在这种情况下，需要注意避免产生替代性创伤。

替代性创伤，最初是指专业心理治疗者因长期接触患者，受到了治疗师—患者关系的互动影响，而出现了类似病症的现象，即治疗者本人的心理也受到了创伤。

首都医科大学附属医院的刘军医生在汶川地震后提出,涉及亲临地震的幸存者、救灾一线的营救人员、医护人员和新闻工作者,以及通过电视、网络、报纸目睹灾情画面后出现各种负性情绪反应的每一位旁观者,都有可能产生"替代性创伤",主要是指:在目击大量残忍、破坏性场景之后,损害程度超过其中部分人群心理和情绪的耐受极限,间接导致的各种心理异常现象。这些异常现象,通常都是出于对生还者及其创伤的同情和共情,而使自己出现严重的身心困扰,甚至精神崩溃。主要症状可能包括:厌食、易疲劳、体能下降、睡眠障碍(难以入睡、易惊醒),做噩梦、易激惹或易发怒、容易受惊吓,注意力不集中,对自己的生活感到麻木、恐惧、绝望,并伴有创伤反应与人际冲突等。

当出现替代性创伤要怎么办呢?可以做到以下几点:

(1)正视负面情绪。请告诉自己:在非常规突发事件后出现这些反应是正常的,我有点受伤了。我有这种受伤的感觉,说明我是很有人性的、有感情的,这是好事。而且适当的焦虑、恐惧等负面情绪,有助于提高对疫情的警惕。

(2)意识和改变非理性认知。有些教师,可能过多地接触到非常规突发事件中痛苦和无助的故事,会感到无助、绝望、崩溃,为事故中的人悲痛。这时候就容易忽略其他的信息,如大家团结一致共同抵御灾难等充满希望、力量、感动的信息。有的甚至会产生"彻底完了""受灾情影响,经济很难恢复过来了"等不合理的想法,即"非理性认知"。这时候可以与朋友和家人分享,或者拨打心理热线,梳理一下头脑中的非理性认知,尝试将其改变为新的合理的认知。

(3)放下手机,关注当下的生活。可以为自己安排一个工作或生活计划表,将注意力转移到每天需要做的事情上来,回归日常生活和工作,可以让自己喘口气。加强人际互动,请尽量安排一些与他人有互动、有意义的生活或工作安排,例如与家人或身边亲友聊天,交换彼此的感受和看法。可以通过运动让自己放松一些,如安排适当的锻炼和娱乐活动。这些都有利于让我们把关注点从新闻转移到现实生活中,从琐碎而具体的现实生活中获得真实的感受。

（4）行动，而非仅仅关注。能够实际帮上忙的，就尽快行动起来；做不了这方面事情的，少刷消息少焦虑、注意身体心灵健康就是对周围人最大的帮助。每天定时看一两次信息就可以，其他时候该做什么做什么。

问题 10：非常规突发事件下，因为一些小事就心情烦躁，这是怎么了，该如何调整？

在我们情绪波动很大、释放途径减少时，往往有种情绪无处安放的感觉，有时候就会有一种看最亲近的人很容易看不顺眼，易发怒，发完脾气又后悔的情况。其实，就人类而言，没有痛苦，也无所谓快乐。快乐和痛苦注定是一对孪生兄弟，贯穿人的生命始终，所以，我们在享受人生快乐的时候，要学会接纳和处理生活中的痛苦。而接纳痛苦的现实是减轻痛苦的第一步，如果拒绝接纳，只会衍生更多的痛苦。接纳现实就是强调去感觉自己现有环境，体验自己现有情绪而无须试图改变它，观察自己的想法和行为而无须试图停止或控制它们。即不加任何评判或评估地接纳现实，但接纳现实并不等于认同现实，或认为现实是合理的。接纳痛苦的现实，首先要学会化解危机，让自己在危机中生存下来。

几种常用的方法可以帮助到你：分心法、学会自我抚慰、积极思维和寻求人际资源。

（1）分心法。把注意力转向中性或愉快的事情上时，就可以将人从忧虑性的思维和观念中解脱出来，打破忧虑性思维的恶性循环，阻止焦虑反应的不断升级。例如可以"行动"，赶快找其他事做，可以暂时将注意力和思维从悲痛情绪上转移过来，进而减轻当时的负性情绪。可以"帮助他人"，通过帮助别人或为别人做点什么以分散自己的注意力，发现自我存在的价值，发现自我生命的意义，获得别人的尊敬，从而减轻痛苦情绪。还有"思维阻断"，停止想糟糕的事情，而去思索另外的事，让新的思维占据大脑，你原来痛苦经历的思维将会被阻断。

（2）学会自我抚慰。努力寻求某种方式来安慰自己、善待自己，培养好心情。人体五官系统与情绪紧密相连，所以，抚慰自己的情绪要从关注五官需求开始，例如看风景或者轻松的节目；听音乐，乐曲的不同节奏、旋律、音调和音色，可以产生不同的情感效应；吃恰当的食物，例如痛苦时应避免吃过多的甜食、咖啡因饮料及酒类，宜补充富含维生素的食物；芳香疗法，有助于缓解压力；抚摩，让身心摆脱疲劳，恢复常态。

（3）积极思维。事实虽不能改变，但可以改变对它的看法。比如想象、发现积极意义、只关注此时此刻、积极自我暗示和权衡利弊等。

（4）建立一个危机关系网。让你确定你在危机时能有一些可以提供帮助的人，包括但不限于家人、老师、同事、医生及其他专业人士。

问题 11：应对压力和焦虑，简单且有效的心理调适的一般方法有哪些？

接纳焦虑，放松心情。承认并接纳焦虑情绪、坦然面对，是克服焦虑的最好方法。可以这样告诉自己：焦虑情绪是人类的本能，它可以帮助我们处于应激状态，从而有效应对危险、做好防护、解决问题。其次，我们可以通过转移注意和放松来缓解过高的焦虑。

适当宣泄。可以找一个知心朋友倾诉，一吐为快，想哭就哭。不习惯哭泣的，可以通过跑步、打球、写信等方式，将体内因不快聚结起来的能量向外界发泄。而且，我们也往往有这样的体验，一旦这种负性情绪得以发泄后，内心便会产生一种如释重负的感觉，心情就会舒畅。

合理认知。在处理好情绪问题后，需要开始冷静、理性思考问题。不合理的认知有三个特点：消极，即认为事件的结局是坏的，甚至非常糟糕；过度概括，即以偏概全地去认知事件；绝对化要求，即执着地认为自己的想法是对的，且必须按照自己的想法和要求行事。应尽力避免以上思维方式，做到乐观、辩证和灵活。

呼吸放松法。腹式呼吸法是最为有效的放松技巧之一（经常做也能提升注意力）。做腹式呼吸的时候，通过扩张和收缩腹部肌肉来吸气和吐气，同时保持胸部静止。用这种方式呼吸两到三分钟后，你的血管就会扩张，血液循环加强，心率降低、平稳，你会感到更加放松。这个技巧的做法简述如下：① 找一个舒适的位置坐好，一个手放在胸部，另一个手放在腹部，目标是用腹部呼吸，所以，在吸气和吐气的时候，只有在腹部的手才会跟着腹部一起动，而在胸部的手保持静止。② 将注意力集中在呼吸上，并保持住。如果思想有一点点开小差，轻轻地把注意力带回到呼吸上来。慢慢地呼，慢慢地吸，并一次比一次更深。③ 持续这样的呼吸 2~5 分钟。④ 深呼吸要有节奏，可以保持大约 5~8 次呼吸循环每分钟，也可以保持一次呼吸循环 8~10 秒钟。⑤ 在几分钟后，慢慢地打个呵欠、伸个懒腰，回到意识状态。

第六章
非常规突发事件中学校管理服务人员的心理调适

【内容提要】

学校管理服务人员（领导干部、行政人员、后勤保卫人员、政治辅导员等）的心理健康问题备受社会的关注。教育部和各学校对加强管理服务人员的心理关爱的政策导向越来越清晰，同时，学校管理服务人员自身也越来越意识到心理健康的重要性。在非常规突发事件发生之后，学校管理服务人员的心理健康状态不仅直接影响到这些突发事件的处置效果，还影响到他们本人的家庭幸福。增进学校管理服务人员的心理健康也是学校心理健康服务和社会心理服务工作的重要内容。因此，在非常规突发事件发生之后，维护并增进学校管理服务人员的心理健康显得尤为重要。

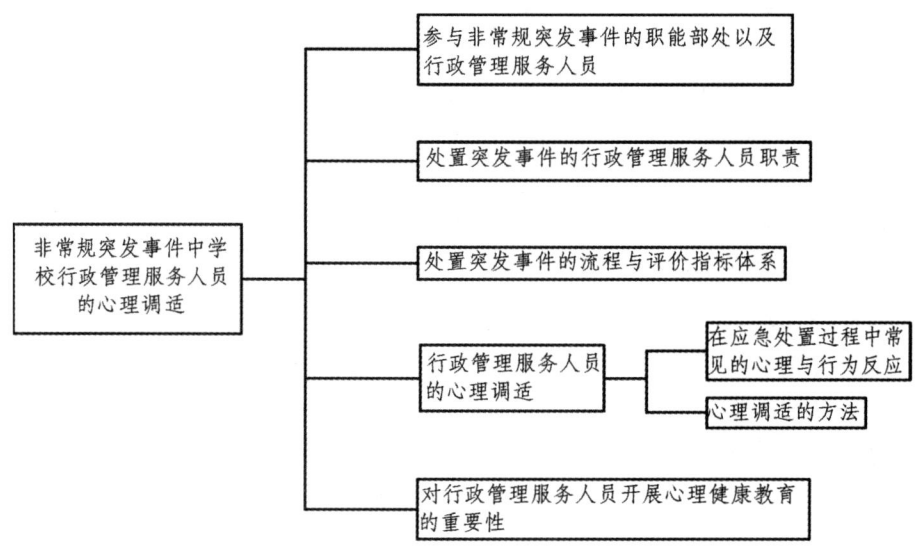

第六章 非常规突发事件中学校管理服务人员的心理调适

【内容解答】

问题 1：参与应急处置非常规突发事件会涉及学校哪些职能部处？

在非常规突发事件中，因涉及的对象不同，参与处置的学校职能部处各不相同。涉及学生事务的，参与处置的职能部处包括学校党委学生工作部、校团委、党政办公室、党委宣传部、党委保卫部（保卫处）、教务处、研究生院、计划财务处、后勤管理处、校医院以及学生所在的学院。

涉及教职工事务的，参与处置的职能部处包括党委教师工作部、校工会、党政办公室、党委宣传部、党委保卫部（保卫处）、人事处、计划财务处、后勤管理处、校医院以及教师所在的学院。

学校心理中心作为专业指导，必然参与到应急处置的相关过程中。

问题 2：参与应急处置非常规突发事件的学校管理服务人员具体涉及哪些？

行政服务人员作为高校教师的一部分，也承担着大学生思想政治教育和心理教育的任务，通过思想教育、心理教育、品行引导、纪律约束、人格影响等手段或方式，与教学科研队伍一起，共同为学校人才培养目标的实现做贡献。

在非常规突发事件中，高校行政管理服务人员主要包括两类：各职能部处以及相应二级学院的领导干部、行政人员、政治辅导员。

行政人员是保证职能部处以及学院运转的中坚力量。他们也是参与处置非常规突发事件的主要力量。他们和学院政治辅导员、学生联系密切，熟悉并掌握着学生的很多信息。

问题 3：在应急处置非常规突发事件中，学校行政管理服务人员的工作职责有哪些？

高校领导干部在面对规模较大、影响深远、可预见性较低、不确定性和不可控程度较高的非常规突发事件，如自然灾害、事故灾难、公共卫生事件和社会安全事件时，需要具备较强的领导素质能力，具有应急管理和应急治理能力。高校领导干部在面对非常规突发事件时承担着多个角色，在应急处置过程中主要的角色有：

（1）顶层设计者，需牵头完善组织机制、干预机制、预警机制等各类应急管理机制，制定详细的应急管理工作方案，进一步统筹管理。

（2）科学决策者，高校领导者是危机管理的决策者，需要充分整合一线的信息，第一时间做好决断，进而让下属展开具体工作。

（3）局面控制者，非常规事件常常伴随诸多不可控因素，高校领导干部需及时把握不可控因素中的可控部分，快速反应，采取切实有效的举措，及时控制局面。

（4）人事组织者，要实现职能部处与相关人员的合理配置，确保政令有人执行，责任到人，落实到点。

（5）责任承担者，保障广大师生员工的根本利益是高校领导干部必须承担的责任。非常时期，甚至还要主动担当，争取和调配资源，承担超出本职工作以外的工作责任。

在非常规突发事件中，高校行政管理服务人员都会参与到突发事件的应急处置中，承担相应的角色。

首先，做到坚守岗位，履行职责。高校行政管理人员应该坚守岗位，第一时间到岗到位。非常规突发事件就是号令，无论是在工作时间，还是在休息时间，都应该尽快进入"战时"状态，坚守岗位，协助处置好应急事件。

其次，主动掌握情况，了解信息。非常规突发事件发生之后，行政管理服务人员应该主动了解与突发事件相关的信息，掌握相关当事人，有必要的话应该在第一时间赶到事发现场，根据得到的第一手资料，结合应急预案，制定恰当的应对方案。

最后，及时汇报，争取主动。突发事件往往牵涉面较广，影响较大，参与处置的行政人员可以根据相应的职权，及时向学校相关职能部处领导汇报，争取得到上级领导的指导和支持，积极争取突发事件应急处置的主动权。各职能部处以及学院领导干部主要承担领导责任。按照"守土有责"的要求，当非常规突发事件发生之后，领导干部应该靠前指挥，深入一线。

问题4：在应急处置非常规突发事件中，学校领导干部会面临哪些心理压力？

基于高校行政管理人员的主要工作职责与内容，在处置非常规突发事件时，会面临以下压力：

一是本领恐慌，担心能力不足。在非常规突发事件的背景下，应急管理对于领导干部的大局控制能力、顶层设计能力、科学决策能力、形势预判能力、组织协调能力等都有很高的要求，对领导干部的综合素质能力更是极大挑战。特别是非常规突发事件具有突发性，难免会引发一些担忧、紧张的情绪。这是非常正常的现象，因为人在应激状态下出现的反应都是非正常状态下的正常反应。为此，可以通过加强应急处置工作的演练，加强自己对应急相关流程和处置措施的熟悉度来缓解此压力。

二是行政问责，责任重大。权力越大，责任越大，高校领导干部在突发事件的应急管理中负有领导责任和直接责任。高校应急管理涉及面广、人数众多，容易出现疏忽和纰漏，一旦出现问题则会被师生或家长投诉，还要接受上级督查组的明察暗访，由此可能被通报批评甚至免职。

三是资源不足，无法实现保障。资源稀缺是非常规突发事件中可能的不稳定因素之一。一旦资源储备不足，极可能造成恐慌，引起安全稳定问题。领导干部需要克服多重困难，多方面整合和争取资源，有效通过调度、合作实现资源保障和优化配置。

四是缺乏配合，人员调动困难。人具有主观能动性，通常人的问题也是非常复杂的问题。由于经验和敏感度等方面的个别差异，每个人对非常规突发事件的理解和认识也不同，因此，单位、部门间的协作，人与人之间的沟通配合均可能出现问题和困难。

问题 5：应急处置非常规突发事件的流程有哪些？

非常规突发事件发生后，就需要应急管理，应急管理是一个时间序列过程。高校在非常规突发事件后的应急管理过程分为事前预防与准备、事中处置和事后恢复三个阶段，因此高校应急管理能力应包括预防与准备能力、处置能力和恢复能力，从而构建出高校应急管理全过程能力的综合评价指标。如图 6-1 所示。

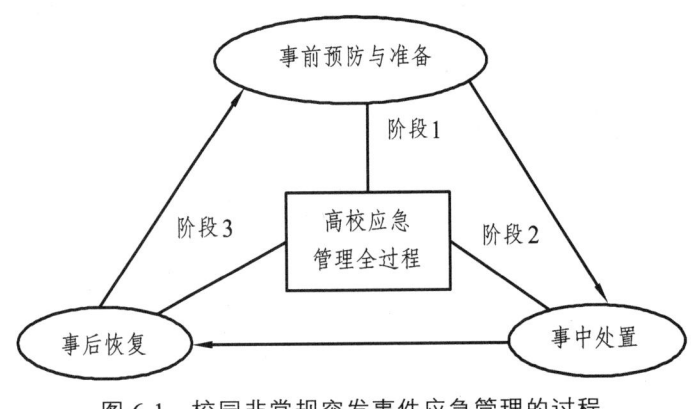

图 6-1　校园非常规突发事件应急管理的过程

非常规突发事件发生后，高校应急管理的预防与准备阶段可以分解为以下几个方面的内容：应对机制、安全教育、风险控制与警情预报、组织队伍建设以及物资准备等。高校应急管理的预防与准备能力也在这些具体工作中得以体现。

高校非常规突发事件的处置管理是典型的决策管理过程，可看成是管理学中各项管理职能的执行和体现。高校应急管理处置能力包括应急指挥能力、现场控制能力、应急协调能力。应急组织与指挥包括紧急决策、预案启动与执行、应急人员的调动与安排等内容；现场控制包括救助与人员安置、势态的动态评估、现场警戒与治安；应急协调包括现场信息采集与发布、人员沟通与协调等。

恢复阶段是高校非常规突发事件平息之后，对突发事件造成的各方面损坏进行恢复与建设。高校应急管理的事后恢复能力包括事后处置能力与恢复建设能力。事后处置包括及时对突发事件所引发的有形与无形的损失进行评估、调查与分析事故原因、对相关人员进行责任追究与处置以及对处置过程进行总结分析等内容。

问题 6：应急处置非常规突发事件的评价指标有哪些？

高校应急管理全过程能力评估是一项复杂的系统工作。影响高校应急管理能力的因素是多方面的，必须抓住重点，科学选择评估指标，使评估既简洁又全面。

根据选取的衡量高校应急管理能力的三个维度，结合高校的实际情况及突发安全事件的特点，本文选取事前预防与准备能力、事中处置能力、事后恢复能力3个一级指标、10个二级指标以及33个三级指标，建构高校应急管理全过程能力的综合评价指标体系，如图6-2所示。

问题 7：在应急处置非常规突发事件中，高校行政管理人员有哪些心理压力？

学校基层行政工作人员面临内容繁杂，程序复杂，对象多样的工作，在非常规突发事件发生后，其主要工作压力包括：

一是工作烦琐，经常加班。领导干部完成顶层设计后，行政人员是政策的执行者、落实者，需要身体力行落实各个细节、完成各项事务，工作烦琐、任务量大。其中，有的工作可以自己独立完成，但多数工作仍需工作人员相互协作，完成过程有时不可控。在非常规突发事件中，行政人员中的大部分奔赴在一线，处理各项应急管理事宜，更是经常加班加点，承担过度的身心压力。

高校非常规突发事件心理调适工作指南

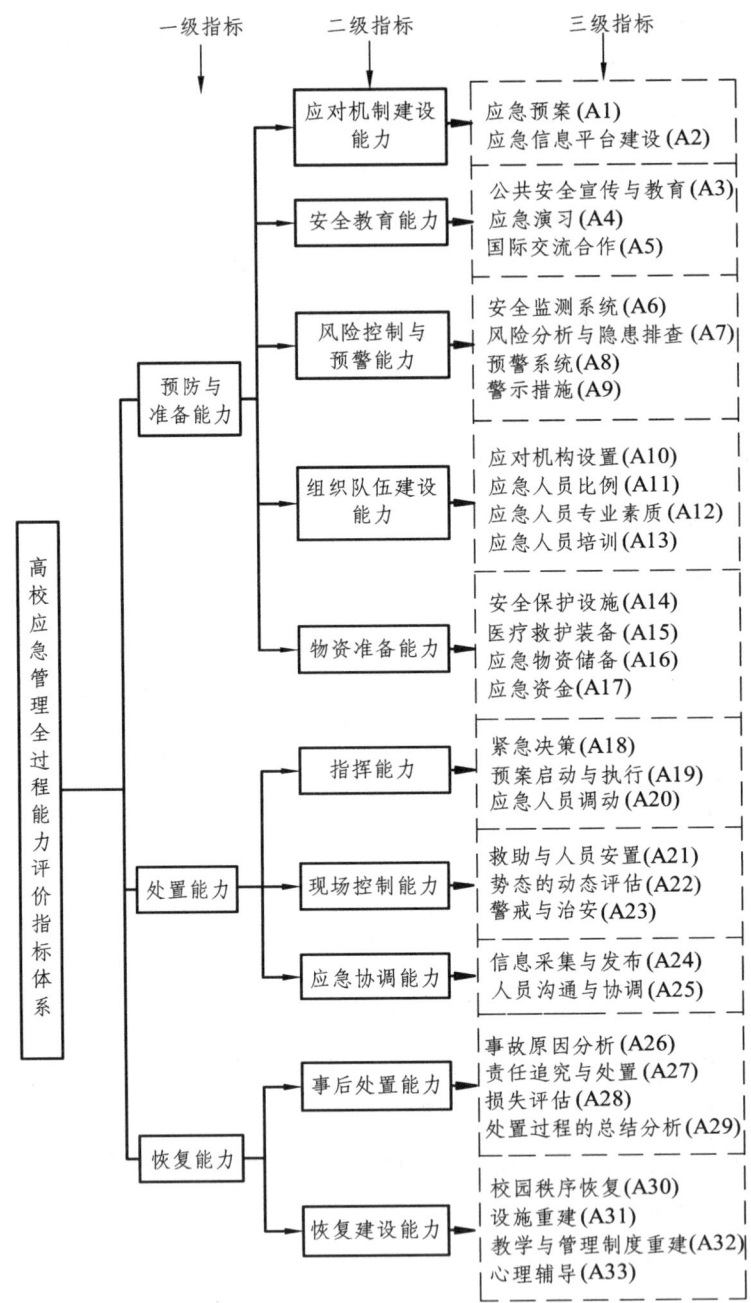

图6-2 高校应急管理能力综合评价指标体系

二是事务繁忙，工作枯燥。学校基层行政人员平时就需要做很多烦琐的行政事务并参加相关会议。如拟定通知、函件、方案等大量公文，上级视察或向上级汇报工作，需准备大量材料。在非常规突发事件中，学校基层行政人员更是需要参加各种应急筹备会议、协调会议；协助领导制定各种方案、预案，增加大量文字工作。

三是职业困惑，成就感不高。行政人员的职业发展也是值得关注的问题。部分行政人员由于枯燥的行政工作内容，缺乏价值感和意义感，感到迷茫和困惑；行政工作当中有大量的隐性工作，使行政人员的工作量和工作能力无法被看见和认可，成就感不高。

四是上传下达，协调不易。行政人员既要面对领导，又要面对广大师生，还要面对同事，上传下达，与不同对象进行沟通交流，组织协调。如果遇到信息不对称，发生误会，或是存在利益冲突等，行政人员很可能在工作中受到"夹板气"。非常时期，需要紧急调动和协调的人、事、物数量增加，难度增大，因此，行政人员将承担超过平常的责任和压力。同时，随着管理工作的高标准严要求，对行政人员的沟通表达能力、组织协调能力、灵活应变能力、行政执行能力等综合素质也提出了较高要求，这也成为行政人员的压力源。

问题 8：为什么要对高校行政管理服务人员开展心理调适？

一些重大的非常规突发事件，如2002年的SARS事件、2008年的"5·12"汶川地震、2013年的"4·20"雅安芦山地震以及2020年新冠肺炎疫情等，需要以非常规应急手段调动区域内外资源才能有效处置复杂性或不确定性极强的巨灾或极端事件。无论从历史还是现实看，非常规突发事件所带来的灾难相对较多，给人民群众的生命、生活、财产安全造成极大危害，给社会各方面发展带来不利影响。由于其未知性、突发性、灾难性和不确定性，常常让身处事件或可能身处事件中的人们感到恐慌与焦虑，感受到事件本身带来的压力。

学校校园占地面积较大，自成社区化管理，居住集中，相对封闭，一旦学校进入应急状态就容易产生资源紧缺，广大师生员工人数众多且对突发事件的敏感程度不一。高校人口密集，人员复杂，一旦发生非常规突发事件将带来极强的不可控性，令人感到巨大的压力。与此同时，高校在应对非常规突发事件的过程中，既要把全体师生员工的生命和健康安全放在首位，同时又要做好教学科研服务保障，稳教学、稳毕业、稳招生、稳就业、稳科研、稳人心，从顶层设计到落实执行都离不开管理服务人员，作为高校面对非常规突发事件的主力，管理服务人员也承受着极大的工作压力。

从高校的应急能力来看，2005年4月17日，国务院颁布《国家突发公共事件总体应急预案》，明确要求包括高校等在内的基层单位建立健全应急机制体制、加强应急能力建设。党的十九届四中全会审议通过《中共中央关于坚持和完善中国特色社会主义制度、推进国家治理体系和治理能力现代化若干重大问题的决定》中指出，要推进国家治理体系和治理能力现代化，这为应急治理领域的发展提供了明确有力指引。故对高校而言，面对非常规突发事件不仅要做好"应急管理"，还要做好"应急治理"。然而，我国应急治理的系统性实践起步较晚，虽然非常规突发事件的应急治理事项已经被纳入高校治理框架，不过由于重大突发事件较少发生，导致应急治理的举措并未真正进入高校的日常工作范畴，也少有日常工作机制安排去研究、推进和落实。尽管高校以往针对涉密事件、公共卫生、事故灾难、自然灾害和网络安全等都制定了相应的应急预案，但大多数应急预案规定性强于操作性，且更新不及时。由此可见，多数高校目前"应急治理"能力还不足，这在非常规突发事件发生时也必然为高校管理服务人员的工作带来压力。

因此，高校管理服务人员在非常规突发事件中，既要面对自身身处非常规突发事件而产生的事件压力，又要承担完成相应工作内容带来的工作压力。双重压力对其来说是不小的心理挑战。如何帮助高校管理服务人员在履职履责的同时做好自我照护也是非常重要的课题。

第六章 非常规突发事件中学校管理服务人员的心理调适

问题 9：在应急处置过程中，学校行政管理服务人员如何进行心理调适？

依据非常规突发事件发生的过程，行政管理服务人员的心理调适可以按照处置的过程进行调节。

首先，需要传播和普及非常规突发事件相关的心理知识。向行政管理服务人员普及推广非常规突发事件之后的心理应激知识、心理调适方法与途径。积极帮助他们正确理性看待非常规突发事件，凝聚群防群控校园社会心理服务的社会共识，坚定战胜非常规突发事件的信心和决心。

应用"理性—情绪疗法"进行心理调适—重塑认知：非常规突发事件发生后，引起行政管理服务人员情绪困扰、强烈压力感的根本原因不是非常规突发事件本身，而是我们对非常规突发事件的认知。心理学家韦斯特总结了三种常见的不合理认知：绝对化要求、过分概括化和糟糕至极。其中，绝对化要求是指人们以自己的意愿为出发点，对某一事物怀有认为其必定会发生或不会发生的信念，它通常与"必须""应该"这类字眼连在一起。过分概括化是一种以偏概全、以一概十的不合理思维方式的表现。常常以自己做的某一件事或某几件事的结果来评价自己的一切。或别人稍有差错就认为很坏、一无是处等，这种认知容易产生敌意和愤怒等情绪。糟糕至极一般是指认为如果一件不好的事发生了，将是非常可怕、非常糟糕，甚至是一场灾难的想法。这将导致个体陷入不良的情绪体验，产生恶性循环，难以自拔。

非常规突发事件往往具有不可控性，当事者无法改变事件本身，但是可以改变对其的认知，由此消除不合理认知带来的情绪困扰。很多行政管理服务人员在非常规突发事件中，可能产生以下不合理信念，如：① 我必须在这个非常规突发事件中做到尽善尽美，得到每个人的认同和赞扬。② 我必须有足够的能力，才可能做好我的工作，否则我就是无能的。③ 我绝对不能犯错。④ 如果非常规突发事件的防控工作有一点瑕疵，就会大难临头。

其次，以典型事例强化自身心理建设，增强精神力量。学校行政管理人员可以通过典型事例增强精神力量，以此缓解消极情绪，涵养积极的健康心态。比如，以新冠肺炎疫情期间钟南山院士奔赴武汉的逆行者行为榜样来激励自己；同时也以自身行为培育积极向上的心理氛围，危难时刻暖人心。

再次，从负性情绪中看到积极的意义。非常规突发事件发生后最常见的负面情绪是恐慌。恐慌是我们本能的警报机制。它是对危险的基本反应，发出的信号表示需要即时的行动或注意。当我们遭遇非常规突发事件，因为事先没有心理准备，不知道事情的最后发展趋势，对发生的一切失去掌控感，往往就容易产生恐慌、恐惧的心理。

焦虑和抑郁也是我们在非常规突发事件之后常见的负性情绪。抑郁或悲伤在我们的生活中发挥着重要的作用，但极度的情绪低落、忧郁，是一种绝望感或无法独自应对的无力无能感。它们发出信号表示需要退缩，减少活动量，以便可以悲痛，可以聚集资源。同时也可能获得他人的理解、支持和帮助。焦虑是一种因不确定性而引发的情绪，它能够让我们做好准备以应对潜在的负面或危险的事件。当我们感到焦虑时，我们的身体和思维都会进入"预备"状态，不会毫无防备。

最后，积极获得多元化的社会支持，维护社会情绪稳定。如果在自身心理调节过程中，以上心理调适策略无法帮助到自己，自己又感受到生理、情绪和行为的不适，请主动告知身边的亲人、朋友、领导、同事等，以此得到他们的理解和关照。通过社会支持系统的多方面帮助，让自己及时得到心理疏导，宣泄不良情绪，增强自身心理安全感和社会正能量。还可以联系学校心理健康中心，或向专业机构寻求支持与帮助。

问题 10：为什么要重视领导干部的心理健康？

建设高素质专业化的干部队伍，是十九大提出的加强党的建设的目标要求。高素质不仅包括政治素质、知识素质、道德素质、能力素质，还包括重要的心理素质，因为组织的健康进步、事业的健康发展都与领导干部的积极心态密不可分。因此，加强心理健康服务能力建设，培育领导干部奋发有为、自信乐观、积极向上的健康心态，对于营造团结和谐、奋发向上、积极奉献的良好政治生态至关重要。这种精神力量有助于提高非常规突发事件的应对能力，以及领导干部的心理素质，所以推动建立领导干部心理健康服务体系迫在眉睫，势在必行。

问题 11：在处理非常规突发事件过程中与工作对象发生冲突，难以开展工作，心理压力大，该如何调适？

一是理性觉察冲突。要意识到，在非常规突发事件发生后大家都处在应激状态，对方的怒火不一定是针对自己。

二是调节情绪，改善沟通。先让自己深呼吸几次，调节自己沟通的语音语调，语言诚恳、语气平和，避免激化矛盾的言行。

三是善用资源。多寻求各方支持，必要时寻求专业人士的帮助。

问题 12：在处理非常规突发事件的过程中，如何处理面对的大量负面信息和情绪？

第一，正确理解负面情绪的意义。非常规突发事件发生后，人们通常会产生一定的负面情绪，情绪是有意义的，它会提醒我们更多地觉察、允许、理解和关怀自己。

第二，树立情绪边界。在有温度、有耐心地进行工作的同时，也要学会与他人的负面情绪保持一定距离。

第三，寻求支持。必要时寻求专业心理支持。

问题 13：非常规事件发生后，行政人员如何安稳自己的身心？

一是努力维持身体的自然节律。吃好睡好，做好必要的防护，确保自己的生命安全。

二是理解和接纳自己的情绪。允许自己生气、愤怒、伤心、哭泣和诉说；学会通过运动、冥想、音乐等兴趣爱好、多种方式疏解情绪压力。

三是澄清边界，有担当不莽撞。明确角色和职责，兼顾灵活性，保持维护好工作边界，信任同事，不过度担责。

四是寻找资源解决问题。相信每个人都是彼此的资源，拓展自己的连接，寻求更多的资源与能量去推动工作。

第七章

非常规突发事件后家长如何与孩子相处？

【内容提要】

非常规突发事件期间，暂缓返校的大学生需要居家学习，上网课。在此期间，可能要面对亲子矛盾激化的问题。为什么会出现这样的亲子关系问题？如何去面对和化解亲子关系中出现的问题？本章内容就试图回答这些问题，重点分析和讨论家长和孩子相处时需要了解青年期的孩子有哪些心理特点；疫情期间大学生与家长存在哪些主要冲突及其原因；家长如何与孩子和谐相处等。

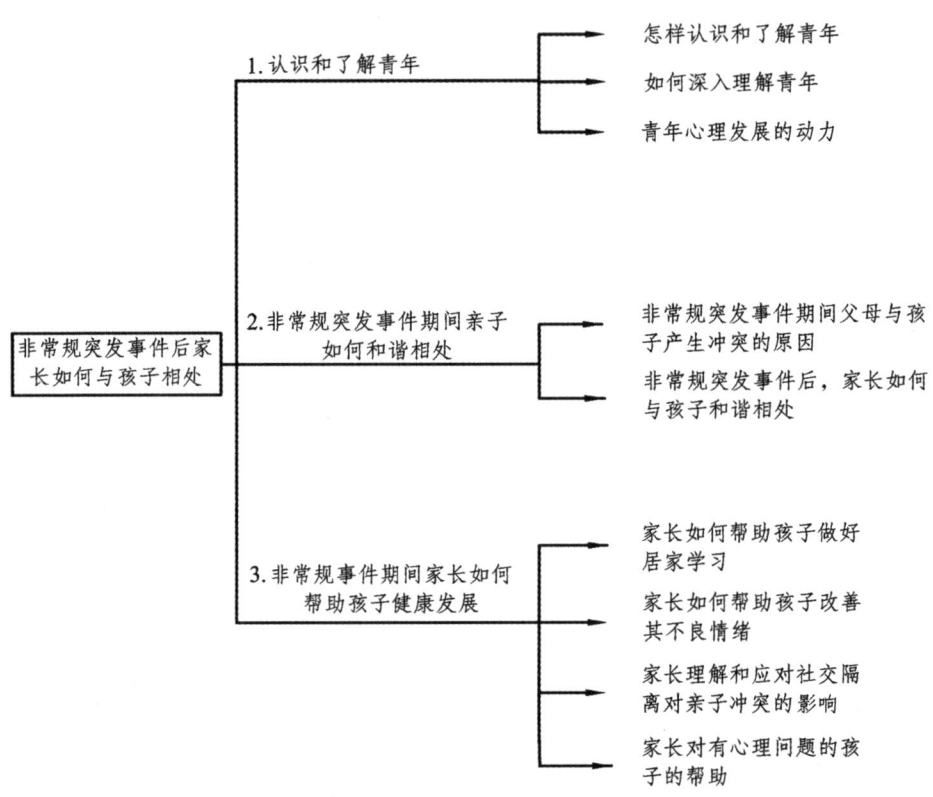

【内容解答】

每一次非常规突发事件的出现，都会打乱正常的社会秩序、人们的社会生活。新冠肺炎疫情期间，一个比较突出的问题是家庭的亲子关系问题凸显了出来，成为一时的新闻话题。有研究表明，1.6%的大学生表示家庭关系变差了（"新冠肺炎疫情对青年大学生影响研究——基于全国45所高校19 850名大学生的实证调查"，西南大学），尽管调查数据显示占比不大，但确实反映出因为疫情，亲子关系的矛盾出现激化的现象。为什么会出现这样的亲子关系问题，又该如何去面对和化解亲子关系中出现的问题呢？这一切需要我们首先对青年的心理成长有个基本的认识。

问题1：怎样认识和了解青年？

1. 从青年心理发展历程看青年期

人的一生，经历了一系列的发展阶段：胎儿期（受精卵至胎儿出生），乳儿期（0~1岁），婴儿期（2~3岁），幼儿期（4~6岁），学童期（7~12岁），少年期（13~15岁），青年期（16~25岁），成人期（26~60岁）和老年期（60岁以上）。这是个体的生理、心理在社会中成长、成熟，然后衰退的过程。

学前期，儿童的自我意识逐渐苏醒。父母对孩子施予了无私的厚爱，从而使缺乏内在保护机制的儿童获得了安全感。成人的一言一行、人生价值观对儿童产生了潜移默化的影响。家长积极健康的生活态度将帮助孩子学习自尊、自爱和利他主义。还应多给予孩子独立掌管自己物品的机会，使儿童的个人责任感得以发展。在这一时期，父母的言行对孩子的个性成长产生了深刻影响。

学童期，新的环境——学校对儿童产生强有力的影响。儿童在学校学会尊重他人的观点看法、个人权利和对利己愿望的自我控制，发展了社会心理意识。教师通过奖赏与惩罚的教育手段使儿童的行为朝着期待的方向发展。在这一时期，学校教育的系统指导和学习实践活动极大地丰富了儿童的生活经验，增加了儿童的自律、他律、自我控制和自我批评的价值感。

来自父母、老师的无私的爱与关怀也增强了儿童的内在安全感和自尊感。

少年期是儿童心理发展从幼稚期向成熟转变的一个阶段。其主要特点是半成熟、半幼稚的心态，表现出独立性与依赖性、自觉性与幼稚性的矛盾。这一时期少年的自我意识有了迅速发展，他们开始意识到自己与他人的精神世界，表现出自我教育的要求，并开始形成个性的一般倾向。在控制自己的行为方面较儿童期有很大的发展，但行为的控制与调节水平仍不高。

青年期是容易产生问题的时期。这时他们自我意识迅速发展，对诸如生活态度、信仰、自我、他人等人生的重大课题有了自己的认知和看法，倾向于做出自我决定，而不再像之前更多的是服从成人的要求和权威、听从成人的安排。青年的自我意识经历了分化、矛盾和统一的阶段，使得他们在大学阶段多处于内心剧烈动荡的状态。但在人生发展整个阶段，青年期是个体身体和心理发展的高峰时期，是自我意识和人生价值观逐渐确立、选择职业、试探爱情和为成人生活做准备并面向未来的时期。

2. 从人生转折期看青年期

青年期是人生的尝试期。青年人为了独立走向社会生活，要充分考虑、设计未来的生活。他们开始探寻人生的真谛，充满着对未来的憧憬。他们开始探索真正的自我，认真思考着"我是谁？别人怎样看我？我行吗？我应该怎么做？"等诸如此类的问题。他们开始尝试、扮演各种社会角色（即社会身份），如家庭中的角色、学生角色、性别角色和职业角色等，从而掌握各种社会规范，并积极追寻自己和他人的爱。他们开始扩大自己的社会交往，增强了对自己、他人和社会的理解。他们开始形成自己的一整套价值体系和新的认识事物的思维方式。

青年期是人生的关键期，对人的一生具有深远的影响。有人把青年期称为"人的第二次诞生"，或"心理上的断乳"，这个时期，青年人开始脱离各方面的监护，独立自主地跨入生活的各个领域。这一时期所形成的观念、态度和经验将对今后的发展产生重大影响。成人期特别是成年初期的生活方式在很大程度上取决于青年期的选择、抱负、经验和能力。

青年期也是人生的危机期。青年期特别是青年初期最显著的特征之一是闭锁性。这时他们已失去了儿童时的天真与直爽，内心世界逐渐复杂和隐蔽，不轻易流露自己的内心活动。但与此同时，他们也渴望被人接近与理解，渴望友谊与信任。另外，青年的心理特征也受不同社会条件和文化等因素的制约。

因此，认识与理解青年是一个复杂细致的过程。作为家长和教育工作者应充分理解青年身心发展的特点，了解他们的需要、愿望、态度和内心冲突，教育他们注重品德和人生观的修养，正确对待两性关系，帮助他们完成向成人期的过渡，以实现身心的健康发展。

问题 2：如何深入理解青年？

1. 自我同一性发展的关键期

根据心理学家埃里克森（Erikson, E.）的观点，青年期的危机是"自我同一性对角色混乱"。处于这一时期的个体寻求形成一个明确的自我同一感，否则，会导致自我意识的模糊与混乱。埃里克森认为这个阶段最重要的任务是探索和确立自我同一性。

埃里克森提出人在发展中会经历一系列的矛盾，如表 7-1 所示。

表 7-1 埃里克森提出的人生发展阶段

婴儿前期	信任感——怀疑感
婴儿后期	自主性——羞耻和怀疑
幼儿期	主动性——内疚
儿童期	勤奋——自卑
青年期	自我同一性——角色混乱
成人前期	亲密感——孤独感
中年期	繁衍感——停滞感
老年期	完美感——失望

埃里克森认为，人生中的每一阶段都有其特定的发展任务。发展任务完成得好，就形成积极的品质，如信任感、主动性、自我同一性等；反之，

则形成消极的品质，如怀疑、自卑、角色混乱等。因此，完成好每个阶段的发展任务，就会逐渐实现健康而成熟的人格。

埃里克森的青年观是构成其理论框架的重要部分。他把青年期看作是一种延缓期，即推迟承担成人的社会责任。在这一时期，青年成了真正的探索者，他们尝试着不同的角色和同一性，以寻求最适合自己的发展环境。他把青年期视为个体心理发展的一个重要阶段。这是因为正在生长和发展的青年正面临着一场内部生理发育的革命，面临着摆在他们面前的成人的使命，他们现在主要关心的是把别人对他们的评价与他们自己的感觉相比较，主要关心的是如何把各种角色及早期培养的技能和当前职业的标准相联系的问题。

如何才能顺利渡过青年期呢？

埃里克森认为关键点在于这一时期必须要建立积极的自我同一性。自我同一性由埃里克森首先提出，是指"一种不断增长的信念，一种一个人在过去经历中形成的内在的恒常性和同一感，一旦这种恒常性和同一感与一个人在他人心目中的感觉相匹配时，就表明一个人的'生涯'是大有前途的"。

如果青年期获得积极的自我同一性——坚定的信念和优良的品质，就能顺利地向成人期过渡。如果产生消极的自我同一性——不能选择生活中的角色或担任不为社会赞同的危险角色，则会为以后的生活带来危机。

2. "第二次诞生"的时期

德国心理学家斯普兰格（Spranger，E.）把人的青年期视为"第二次诞生"，因为这个时期是人格发展的重要阶段。

斯普兰格的青年观侧重于青年期的精神发展，特别是自我意识的发展，其特征有：

一是自我的发现。青年开始把视线对准自己的内心世界，体验着自己的主观意识。他们发现自己的内心交织着各种矛盾：努力与懒惰、开朗与忧愁、社交与孤独、大胆与羞怯等。他们的内心是动荡不安的，他们苦苦思索人生的答案，孤独之感油然而生，不过在内心深处仍需要得到别人的理解与帮助。同时，自我的发现也促使青年产生追求独立的欲望，他们开始具有自己的生活目的，并不愿他人干涉。

二是产生对未来生活的设想。青年已意识到未来对自己的重要性，开始形成新的生活态度和树立起生活理想。

三是进入生活的各个领域。青年对生活领域的注意范围扩大了，开始进行自己的创造想象、自己的思索、自己的社交活动和拟定自己的经济计划等。

由于人们有各自不同的生活态度和生活方式，所以形成了不同的人格类型。他将人格分为六种：经济型、理论型、审美型、宗教型、权力型和社会型。

3. "形式运算"形成时期

儿童进入青年期后，一种新的认识能力，即皮亚杰（Piaget, J.）所谓的"形式运算智力"开始出现，如表7-2所示。具备形式运算智力的人表现出能用科学的推理检验可能的解释，并推翻证明为误的假设。处于青年期的个体能够辨明他认为是错的假设，能用抽象思维进行推理。与儿童相比，青年的思维远优于儿童的具体运算，已能解决若干年前还不能解答的问题。

表 7-2 皮亚杰的智力发展四大阶段

感知运动阶段（0~2岁）	只有动作活动，是智慧的萌芽期
前运算阶段（3~6岁）	开始用表象和语言描述外部世界和不在当前的事物，思维具有直接性，即思维需要依靠知觉活动的支持
具体运算阶段（7~11岁）	出现初步的逻辑思维，但判断和论证是同它的内容分不开的
形式运算阶段（12~15岁）	能进行抽象逻辑思维，并运用符号进行命题运算。这一阶段的思维不受具体事物的内容所局限，可根据假设进行逻辑推理并验证假设

皮亚杰认为处于形式运算时期的青少年其思维发展达到了最高阶段，他们能够超越眼前的具体事物并总结其中的规律。他认为青少年的情感发

展与他们的智慧发展是密切联系的,他们"借助形式思维,进一步获得了能运用理想或超越个人价值的新境界"。他认为随着思维的成熟,青少年的道德观也日益成熟。他们已能根据自己的价值标准对一些道德问题做出判断。青少年道德观的成熟指标是公道和利他主义。他认为青年期是个体人格形成的重要阶段。青少年借助形式运算这一工具将自我、情感、意志、道德观等组成一个有机的人格系统。借助这种高级的思维形式,他们开始扮演各种社会角色并积极参与社会活动,为今后的成人生活做好各种准备。

4. "模仿学习"的时期

美国心理学家班都拉(Bandura,A.)从社会学习的观点,不赞成把青年期看作是"暴风骤雨"的时期。他指出,把青年期描绘为"动荡不安"的时期只是一种神话。

观察学习是班都拉社会学习理论的重要概念,是指通过一定的模式使学习者去观察榜样所表现的行为及其结果而进行的学习。模式可有多种,主要有:行为模式——通过榜样的操作活动以传递操作动作的模式;言语模式——通过各种言语指导以传递榜样行为的模式;象征模式——通过广播、电视、电影、报纸杂志等宣传工具所产生的影响,象征性地传递榜样行为的模式;抽象模式——通过榜样的多种行为,以传递决定这些行为的原理或规则等的模式;参与性模式——通过观察示范和模仿榜样行为以加速榜样行为传递速度和提高模仿行为水平的模式;创造性模式——通过观察各种榜样示范,随后组合其中的种种方面,以构成一个与各种榜样示范不同的、独特的组合体模式,等等。

Q&A 问题3:青年心理发展的动力是什么?

辩证唯物主义认为,矛盾存在于一切事物的发展过程中,即"外因是变化的条件,内因是变化的根据,外因通过内因而起作用"。在个体心理发展中,存在着各种各样的矛盾,其中内部矛盾是心理发展的根本动力。

个体心理发展的内部矛盾具体指什么,目前仍有各种不同的理解。

第七章 非常规突发事件后家长如何与孩子相处？

一般认为，在个体与客观环境的交互作用过程中，亦即在个体不断积极活动的过程中，社会和教育向个体提出的要求所引起的新的需要和原有心理发展水平之间的矛盾，是心理发展的内部矛盾或内因。这种内部矛盾就是心理发展的根本动力。

这种矛盾的一方面是人的新的需要，可以是个体需要和社会需要，也可以是物质需要和精神需要。需要在人的心理发展中，代表着积极活跃的一面。社会和教育不断对人提出各种新的要求，于是不断引起新的需要。矛盾的另一方是原有的心理发展水平，即原有的完整心理结构，是过去反应活动的结果。它主要包括心理过程、个性特征、个性倾向性、知识、技能与经验的水平和年龄特征等。原有的心理发展水平，代表着人的心理活动中的旧的、较稳定的一面，并有待于进一步提高。

新的需要和原有心理发展水平是对立统一的。人为了满足这种由客观环境的要求所引起的新的需要，就要去从事一定的活动，而完成这种活动则要求有更高的心理发展水平，这样，原有的心理发展水平就不能适应这种新需要的实现，于是就产生了矛盾。人的心理就是在这种内部矛盾运动中不断发展的。

在个体心理发展过程中，要处理好环境和教育与发展的关系，即内因和外因的相互关系。提出的教育措施，应适当高于个体的原有心理发展水平，并适应不同年龄阶段个体的心理需要。

青年期是个体开始走向独立与成熟的时期。他们的身心发展已达到了前所未有的水平，在生理上特别是性的发育已接近成人，抽象逻辑思维已达到新的更高水平，精神面貌充满活力和朝气。这就需要在教育上提出更高的要求，以不断满足青年的更高水平的需要。但必须指出，青年由于知识、能力和社会经验的缺乏，对事物对人生的理解还往往不全面，其个性倾向性还不稳定，因此，社会各界应及时给予他们积极的关怀与指导。

Q&A 问题 4：青年心理发展具有哪些特点？

青年人的内心世界多变与复杂，但也是可以认知的。青年人了解自身心理发展的特点及其规律，能够更好地设计自我，发展自我。

1. 自我分裂与统一的矛盾性

性成熟催化了青年自我意识的觉醒。他们开始意识到自己不再是儿童了，其自我认识发生了深刻的变化。这时，他们开始把视线移向自我，移向自己的内心世界，并发现这个世界与外部世界一样广阔、一样令人激动。

青年期的主要心理收获是对自己内心世界的发现。但是，对一个新世界的认识并不是一朝一夕就能实现的，青年深深体验到了自我的矛盾性和内心冲突的尖锐性，并努力寻求自我的统一。实际上，青年独立人格的形成是一个贯穿于整个青年期的不平静过程。

一般来说，大学生自我意识的发展，经历了分化、矛盾和统一这三个阶段。

在青年期，产生了自己的真正问题，自我意识开始分化。大学生成长中面对诸多心理问题，涉及自我探索、情爱、人际交往、学习与发展、环境适应和人生信念等方面，本质上都是自我认识的问题。自我意识分成了观察者的自我和被观察者的自我两个部分。观察者的自我是本人对"我"的看法，例如，我是什么，我做什么。被观察者的自我是他人对"我"的看法，例如，别人如何看我，要我做什么。由于自我意识的分化，青年已能从自己的观点出发，认识、评价和体验自己的内心活动，自我意识得到大大增强。他们开始具备深思自我内心感受的能力，发现了一个新的情感世界，发现了自我价值和未来对自己的意义。

自我意识的分化，使青年发现了观察者的自我。但由于青年人缺乏自我认识的思想准备和经验，他们闯进了一个让人不可捉摸而又无法解答的神秘世界，即他们发现的是一个不成熟的自我。因此，青年内心是充满剧烈动荡和矛盾冲突的。常常表现在理想自我与现实自我的不协调。理想自我，是指一个人按社会理想、规范和道德准则形成的关于他想成为一个什么样的人的看法；现实自我，是指个人从自己的立场出发对自己目前的实际状况的看法。理想自我是个人追求的目标，它与现实自我有一定的距离，现实自我一般落后于理想自我。这种理想自我与现实自我的分化与矛盾往往会导致青年明显的内心冲突，引起一些痛苦、不安全感和孤独感。因此，他们力图摆脱这种痛苦、不安和孤独,力图在新的水平上达到理想自我与现实自我的统一。

自我意识怎样统一和以什么样的性质统一,是决定青年自我意识发展水平的关键。在青年后期,多数青年自我意识的发展趋于稳定和成熟,逐渐获得了自我统一的感觉,即自我意识开始确立了。具体表现在青年的自我意识在时间上和空间上整体化了。他们已能把过去、现在和将来的自我相互联系起来;他们已能把现实自我与理想自我统一起来;他们已能把主体我和客体我统一起来。这时,自我意识作为一个整体,对个性诸成分起到稳定的监督与调节作用,并激励着理想自我的实现。

随着个体自我意识的确立,形成了自己的人生价值观。价值观是自我意识的核心,在最高层次上支配着个体的一切活动。

2. 情绪动荡起伏的不稳定性

与儿童期的平静与顺从相比,青年期出现了显著的"叛逆"。情绪发展表现出两极性,出现了一些相当显著的互相对立的冲动,如既精力旺盛,又很疲倦;既有自信、自高自大,又怕羞、自卑;既快乐,又痛苦;既期待友情,又希望孤独;既有利他主义,又有自私倾向;既崇拜偶像和权威,又可能敌视、否定一切

在青年期,导致内心"惊涛骇浪"的因素有多方面。伴随着性成熟产生的身心焦虑,在青年内心掀起波澜。如何驾驭本能欲望,成为正直高尚的人,是每一个青年必须思考的问题。随着独立意识的增强,思维方式发生了巨变,看待事物有了自己的观点。由于缺乏社会阅历,思维容易偏激与情绪化。与青年早期的状况不同,青年晚期情绪的冲动性与波动性相对减少,但社会转型期的外部条件对他们心理仍有相当冲击。他们还未跨入社会,就已经感受到激烈的社会竞争压力。

"外因是变化的条件,内因是变化的根据,外因通过内因而起作用。"毫无疑问,消极情绪的产生受到生理与环境因素的影响,但青年人情绪变化的决定性因素还是取决于内部原因。

3. 强烈的交往需要

交往需要是青年成长中的一种主要社会性需要。尽管青年人存在显著

的自我封闭性，但其内心依然渴望得到理解与尊重，希望摆脱孤独，获得真心的朋友。

交往是青年走向成熟的必由之路。青年人必须经历社会交往的历程，才会实现充分的社会化，即由自然人到社会人的转变。

学校是一个"小世界"，大学生交往的范围显著扩大。他们需要与男女同学建立新型关系，需要增进师生间的沟通，需要加强社会联系。由于缺乏沟通经验及技能，他们在实际交往中往往遭遇种种障碍。

4.性意识产生与性困惑

性成熟对青年性心理发展起着很大的作用，它是性心理发展的生物条件。性成熟的外在表现为第二性征的凸显。第二性征是指区分男女两性的身体特征，主要表现在胸部的成熟、变音、阴毛的产生等。第二性征是生理成熟的重要标志，青年期的男女都会出现第二性征。

随着性机能的成熟和第二性征的出现，青年对自身、对异性的看法会发生重大的变化。他们开始意识到两性的关系，逐渐产生对异性的兴趣，并有了新的情感和体验。环境、教育是影响性心理发展的另一因素，它是性心理发展的外部条件。

青年人性意识的发展在上述两方面条件的作用下，由幼稚逐渐走向成熟。由于其发展正处于性欲求最为旺盛的时期，对各种性刺激极为敏感，在生理上对性有渴求。同时，他们也意识到性欲求的满足受到社会道德、法律与文化等规范的制约，心理上难免产生种种性的苦闷。青年性心理往往表现出性兴趣与性苦恼、性渴望与性压抑的复杂纠葛。其性意识与性困惑的矛盾体现在：

性兴趣的深刻性。青年早期是对异性兴趣急剧增加的时期，青年人对自己身体外貌的奇异变化感到惊奇、迷惑，甚至会出现不安和羞涩，开始产生探索和了解性奥秘的欲望。与青年初期不同，青年晚期的性兴趣更具内涵，对性的关注更侧重两性差异的其他方面，如性格，内心的想法，交往方式等。对异性的兴趣主要表现在三个方面：一是希望能在异性心中留下一个好印象，以创造与异性交往的机会；二是喜欢与同性朋友谈论异性，以探讨理想男性或女性的标准；三是对小说、画报、影视中的性描述有兴趣，以达到性的间接满足。需要指出，青年性兴趣的产生，是性心理发展的一个显著特征。

性心理的矛盾性。异性交往是青年性心理发展中的重要内容。由于青年内心的封闭性，大学中的男女交往并非如想象般的容易。伴随着性成熟产生的性冲动极易受到外界刺激（如报刊书籍中的性描绘，影视作品中的性行为、偶尔与异性身体的接触等）的强化。各种技术化的性刺激（色情碟片、色情网站等）针对青少年求新求异的心理特点，传播不科学与不健康"性知识"。若沉溺于此，只会视野狭隘，意志消沉，审美低俗。如何抵御外部的性诱惑，把握好自己的前进方向，是许多正直青年思考和苦恼的问题。

性观念的多样性。性观念反映了人生态度。随着社会的更加开发，各种思潮对青年内心产生着影响。不健康的性观念往往以时髦与新潮的面目出现，对青年有迷惑与鼓动性，这是需要警惕的。尽管"性解放"打着"解放人性"的炫目旗号，但不是真正的解放。其负面作用日益凸显，对亲缘情感、婚姻关系、身心健康与社会稳定都产生破坏力。需要强调，两性关系绝不仅仅是狭隘的享乐关系，个体的行为总会产生直接或间接的社会效果。

5. 高水平思维与社会阅历缺失的冲突

进入青年期后，一种新的认识能力，即所谓的"形式运算智力"开始出现。具备形式运算智力的人表现出能用科学的推理检验可能的解释，并推翻证明为误的假设。处于青年期的个体能够辨明他认为是错的假设，能用抽象思维进行推理。与儿童相比，青年的思维远优于儿童的具体运算，青年已能解决若干年前还不能解答的问题。

青年期是人的思维发展从量变到质变的飞跃时期，其主要特征表现在：

第一，理论思维逐渐成熟。进入青年期后，理论型的抽象逻辑思维开始迅速发展。这种新获得的认知能力是青年认识世界的重要手段。随着抽象逻辑思维能力的增强，青年开始能够对自己的观点、思想提出疑问，并且还能分析出别人思维中不合逻辑、自相矛盾的地方。他们力求对各种经验做出理论的、规律性的解释，并用理论指导自己的各种实践活动。经过系统的学习、训练以及各种实践，他们逐步掌握了形式逻辑、辩证逻辑和数理逻辑，其理论思维开始逐渐成熟。

第二，思维具有高度的概括性。青年思维的高度概括性反映在思维过程中善于分析、归纳，逻辑抽象性强，善于抓住事物的本质。例如，与儿童相比，在学习中青年更善于把教材分析出若干要点，又将各个部分综合成完整的知识系统，能对事实和概念进行正确的分类，并发现事物的本质特征和一般规律。这在一定程度上克服了儿童思维中的片面性与表面性。

第三，思维具有鲜明的批判性。随着自我意识的发展和经验的不断丰富，青年已表现出独立思考的能力。他们不满足于现成的答案，喜欢怀疑、争论和辩驳，并能提出自己的一些见解。他们对别人提出的观点、思想一般不愿轻信和盲从，要求有说服力的逻辑论证。他们对自己的观点、想法也经常反复思考，力求论据充足。青年人开始对复杂的人生课题——社会公正、生活的意义、信仰的有效性、物质财富的价值等——进行深刻的思考与怀疑。他们可以不受个人经验和具体情景的限制，在心理上探索各种"如果——那么"的可能性。应该说这种思维的批判性是思维成熟的表现，它有助于青年思维的发展。

第四，思维具有独创性。思维的独创性是指思维活动的独创程度。它是一种较高级的思维智力品质，反映了在新问题或困难面前采取对策的能力。青年思维的独创性突出表现出三个特点：独特性——提出的问题常有鲜明的个性色彩；发散性——思维过程中存在着多种可能的答案、结论或假设；新颖性——思维的结果，无论是概念、理解、假设或是结论，都包含着新的因素。这种新颖不是脱离现实的凭空捏造，而是具有一定的社会价值。它可能暂时被人们忽视或误解，但终究会被社会承认。

由于缺乏一定的社会阅历，青年人对事物、对人生的理解往往还不全面；对于一些正确的、但未经自己证实的观点，他们常采取偏激的态度。青年常常容易犯固执己见的毛病。因此，在对青年进行教育时，一方面要积极鼓励他们独立思考，培养他们的独立思维能力；另一方面还要对他们出现的问题给予耐心的说服教育，应积极疏导而不是简单斥责或嘲笑。

问题5：非常规突发事件后，家长如何与孩子和谐相处？（以新冠肺炎疫情为例）

新冠肺炎疫情在2020年得到有效控制后，中国进入疫情防控常态化时期。但由于新冠病毒的变异，使得近两年新冠肺炎疫情在不少国家、地区包括我国部分省市又有较大的反复，疫情防控形势依然严峻。教育部也适时发通知告知各高校依据疫情情况可适当延缓学生开学返校等时间。如果不能如期返校，学生就必须待在家里，家长和孩子相处的时间更长了，亲子关系就会成为不得不面对的问题。

亲子关系，指父母与子女之间的关系。在法律上是指父母和子女之间的权利、义务关系。父母和子女是血缘最近的直系血亲，为家庭关系的重要组成部分。亲子关系在某种意义上讲是教育的根，是决定孩子一生幸福的底色、密码。然而，和谐的亲子关系绝非易事，关系越是亲密，越不易处理。

1. 亲子关系需要边界意识

"边界"指的是人与人之间建立的限制和空间。我们需要尊重彼此的独立性，即使亲密如亲子关系，也需要有一定的边界。有人作了一个比喻：好比是两颗会动的鸡蛋，再想接近，也必须保持一定的距离，否则只能"鸡飞蛋打"。

独立是一件不容易的事情，很多人宁愿心理有某种依赖，不愿意承认边界的存在。亲子关系中的边界往往很模糊，甚至有些人意识不清或是刻意回避。作为家长，有时候会想当然地认为孩子的事情就是家长的事，孩子小的时候或许问题不大；到了初中阶段以后，孩子已经长大了，如果到了大学阶段还这样以为就难免会出现问题。

新冠肺炎疫情期间，孩子只能待在家里，家长要尽可能给予孩子独立的生活、学习空间。必要的监督和督促是需要的，但过多的要求往往事倍功半；孩子的内心渴望得到父母的尊重，懂得尊重孩子独立人格的父母更加能够走进孩子的内心；家长给予孩子的爱也要适度，爱太满反而容易让孩子觉得习以为常，不懂感恩；孩子要有锻炼能力的机会，这就需要父母懂得放手，才会让孩子的能力得到发展。

2. 注重亲子关系中的"关键沟通"

亲子关系中的沟通对话至关重要，双方需要公开坦诚自己的看法，分享自己的感受。特别是家长对待上大学的孩子，一定要把孩子当成平等的对话主体。

《非暴力沟通》一书中提出了有效沟通的步骤：

（1）观察（清楚地表达观察结果，而不评判或评估）。

（2）感受：注意区分感受和想法（表达感受，例如受伤、害怕、喜悦、开心、气愤，等等）。

（3）需要（哪些需要导致那样的感受）。

（4）请求（为了改善，我的请求是什么）。

（5）提出具体的请求。清楚地告诉对方，我们希望他们做什么，我们提出的请求越具体越好。如果我们的意思含糊不清，别人就很难了解我们到底想要什么。

（6）明确谈话的目的。我们期待的是如实的反馈——我们想了解他人的真实想法。当然，有时我们希望他人采取某种行动。对自己的认识越深刻，表达越清楚，我们就越可能得到称心的回应。

（7）请求反馈。我们的意思和别人的理解有时可能是两回事。如果无法确实对方是否已经明白，我们可能就需要得到反馈。

3. 避免亲子关系中的"超限效应"

"超限效应"，是指刺激强度很大，持续时间又很长，就会引发不耐烦或逆反心理，心理学将这种现象称为"超限效应"。超限效应是一种纯粹的心理反应，只要触及了超限点，就会引发超限反应，轻则表现出不耐烦，重则产生逆反心理。学生很容易因家长过多的要求、过分的管束和长时间的说教而产生"超限效应"。

表扬多而空泛，批评多而冗长，都是家长应该竭力避免的。批评和表扬都不能超过限度，应该恰当地利用超限效应。

4. 善用亲子关系中的"避雷针效应"

"避雷针效应"的寓意是：善疏则通，能导必安。家长面对孩子的不良情绪，要及时有效地引导，避免孩子积累不良情绪。当孩子朝着父母"咆哮"往往就是孩子不良情绪积累不堪重负的结果。当孩子内心充满矛盾和困惑的时候，他们就会感觉到不安和烦躁，家长应随时观察孩子的情绪变化，及时在孩子情绪低落和反常时，积极引导和宣泄孩子心中的不良情绪。

问题6：非常规突发事件期间大学生与父母产生冲突的主要原因是什么？

《新冠肺炎疫情期间大学生与家人相处情况探讨》（漆俊杰，2020）一文对此做了调查研究。从调查结果可以看出，多数学生觉得家人并不是很理解自己，与家人沟通并不是很理想。约60.53%的学生与父母在家相处时会感到有压力，少部分家庭还存在重男轻女的观念。学生与父母产生矛盾主要体现在生活习惯、学习、消费观念、人生规划和对疫情的认识与态度方面，如学生在家时经常玩手机，表现懒惰，作息时间与父母不同，而父母之间的冲突也会激化学生与家人的矛盾；由于疫情影响，学生只能在家上网课，家长会因为学生的学习态度或学习理念对学生的学习情况不满意。学生的价值观与父母有很大不同，学生购物在很多时候都是冲动消费，这也是与父母产生矛盾的原因；在人生规划方面，比如考研观念、职业选择和情感方面等，学生与父母想法有很大不同；在新冠肺炎疫情暴发期间，家庭也会因为疫情消息的真实性和严重性、要不要遵守相关防护基本手段及有关疫情的时事热点问题等产生意见分歧，引发矛盾；父母因过于担心疫情而不敢外出，同时限制学生外出，这也是产生家庭矛盾的一个原因。

从调查结果可知，新冠肺炎疫情对大学生与家人相处有积极的影响，也有消极的影响。积极影响体现在大部分学生会主动与家人沟通，沟通时长普遍大于1小时。消极影响是大学生虽然主动与父母沟通，但与父母沟通内容最多的是生活琐事，自己的情感、学习、理想规划、困难挫折很少与父母交流。大部分学生觉得父母不是特别理解自己，与父母沟通时有所约束，甚至少部分同学觉得与父母难以沟通。疫情期间与家人相处时，超过1/2的学生偶尔会感到有压力。

从父母、学生和疫情方面对亲子关系冲突增加的原因进行分析,具体原因如下:

(1)父母方面:父母成长环境及时代与现在有很大不同,很多父母依然保持着传统的思想观念,如"重男轻女""养儿防老""读书无用""父母就是权威"等;大学生与父母的消费观念差别较大,父母提倡节俭,学生会冲动消费;父母只关注满足孩子的物质需求,对孩子的理解、包容及陪伴较少;父母一味把学生当成小孩子看待,事事包办,不尊重学生内心意愿,没有意识到大学生已经成年,有自己的意愿和想法。

(2)学生方面:现在大学生拥有优越的物质条件,很难体会到父母挣钱养家的辛苦;大学生长期受网络影响,三观与父母有很大不同;与家人沟通很少,造成情感缺乏,逐渐与父母产生代沟;与父母沟通时没有注意沟通方式,导致出现问题交流时,既没有使问题得到有效解决,又产生了新的矛盾。

(3)疫情方面:大学生正处在特殊的成长阶段,有着强烈的独立意识,渴望得到成人式的信任和尊重,因此,很多大学生在这个阶段与父母关系有或多或少的紧张。学生在校学习生活很大程度上缓解了这种紧张关系,受疫情影响学生居家时间增加,与父母相处时间增多,造成了亲子关系矛盾加剧。

Q&A 问题 7:家长如何帮助孩子做好居家在线学习?

有研究表明,在影响大学生居家在线学习的五大因素中,"良好的家庭环境是学生在线学习效益的倍增器"("新冠疫情期间学生在线学习效果调查研究",邹阳等,2020)。具体包括:

(1)家人的支持是取得在线学习效益的重要支撑。家人的支持对学生的在线学习效果有显著的影响,家人消极对待网络教学,认为"网络教学没必要,学不了东西",则对学生在线学习效率有巨大的负面影响;反之,学生在线学习效益会更高。调查发现,58.11%的家长支持在线教学,20.58%的家长认为在线教学是与时俱进。

（2）独立安静的学习空间是取得在线学习效益的环境保障。调查发现，"独立安静的学习空间"对学习效益起到积极的正面影响，反之，则对学习效率有显著的负面影响。被调查学生中64.13%的学生有独立安静的学习空间，其中，71.05%的学生认为在线学习有收获；28.35%的学生没有独立的学习空间且周围环境嘈杂，这些学生中只有46.93%认为在线学习有收获。可见，独立安静的学习环境是保障在线学习效果的重要条件。

家长除了尽可能为孩子提供良好的学习环境和支持孩子居家在线学习，同时，也要注意有些孩子可能存在的不适应和困难，毕竟在线学习对很多学生来说是一种全新的学习方式，需要熟悉很多的学习平台和应用程序，家长给予力所能及的理解、支持和帮助，尤其在孩子遇到困难时，要鼓励孩子多和老师、同学沟通交流，尽力去克服困难。

Q&A 问题 8：当孩子出现情绪问题，家长如何帮助孩子改善其不良情绪？

一项《新冠肺炎疫情防控期间"多角色"家庭关系调研报告》（蔺秀云教授团队，2020）显示，疫情相关的消极情绪反应，如恐慌、焦虑、不安等，对家庭关系有着直接、显著影响。在疫情期间，当孩子出现情绪问题时，家长可以注意以下方面：

第一，家长保持个人积极乐观和情绪稳定。悲观或情绪不稳定不利于自身的身心健康，尤其是在"居家隔离""人人自危"的疫情期间。保持积极乐观和情绪稳定并不是一蹴而就的，学会科学求助更是一种能力。全国各地的医疗或心理援助机构均开通了各种帮扶渠道。当自己无法自救时，学会科学求助同样重要。

第二，鼓励孩子加强身心锻炼。青年人有喜爱运动的本性，体育锻炼既能增强体质，愉悦精神，又能磨炼意志，优化人格。应根据孩子的特长，鼓励孩子选择适宜的身心运动。如发挥丰富的想象力，体验先辈的劳作生活，把谷物酿成美酒，把蚕丝纺成锦绣，把荒漠染成绿洲——感悟劳动之美，收获之美，生活之美；把自己融入田野森林，草原牧场，蓝天海洋——饱览大自然的造化；积极参加竞技运动，在竞争与嬉戏中抒发情感；学习做家务，美味的饭菜、整洁美观的房间、精美的糕点等，劳动的成果既能让父母欣慰，又能给人以美的享受。

第三，增强孩子的辩证思维。青年人容易产生情绪思维。这种"是或非"的思维方式把问题简单化，如"不好就坏""不是朋友就是敌人""我失败了，所以我再也没有机会了"。家长可以帮助孩子学会辩证地看待问题。对待"失败"，若视为一次宝贵的经验积累，则"失败是成功之母"；对待压力，若视为人生奋进中不可或缺的存在，则压力也可转化为动力；对待自我评价，力求客观，既不妄自菲薄，也不妄自尊大。

问题 9：非常规突发事件期间，家长如何理解和应对社交隔离对亲子冲突的影响？

《新冠肺炎疫情期间大学生社交隔离与亲子冲突的关系》（罗瑞奎，2020）一文的调查研究显示：社交隔离在疫情期间是阻断病毒传播的有效措施，同时导致了大学生的朋友网络被弱化，与朋友间出现了较高程度的脱离，甚至接近朋友隔离的临界值。

微信、QQ 等交往手段能在一定程度上增强与朋友的联结度，但依然无法替代传统的交往模式。人际关系中常充斥着不确定性，交往是降低不确定性的重要途径。不同于面对面的交流，微信、QQ 等交往手段作为媒介，一方面缺乏非语言表达环境，导致大学生对作为真实个体的彼此失去兴趣，妨碍了表达描述性的、情绪性的、个人的或关系的信息能力的发挥，以致限制人际关系的发展；另一方面这种交往形式大多是情感碎片化，难以表达在现实中真实、完整而充实的情感。

非常规突发事件（如新冠肺炎疫情）作为广泛性的"应激刺激源"，给人带来了焦虑、恐惧、孤独、烦闷、愤怒等一系列应激性反应，人们都处于类似应激状态。相对封闭、单一的家庭空间为负面情绪的短兵相接提供了条件，父母和孩子双方都可能向对方发泄负面情绪，极易导致亲子冲突的产生，以言语冲突和情绪对立为多。

根据埃里克森人生发展阶段理论，大学生正处于亲密对孤独的冲突阶段，大学生渴望与朋友建立密切的关系，否则就会产生孤独等不良感受，但对于家长则会表现出较强的独立性。由于社交隔离削弱了大学生的朋友网络，致使大学生脱离了其倚重的社会支持系统。疫情期间的社交隔离不仅意味着大学生与朋友的联系、沟通受到阻碍，还代表着要与父母长期处于相对封闭、单一的环境中，随着彼此价值观、生活习惯等差异日益暴露，亲子冲突便随之出现或加重。

缓解或化解这些冲突，可以从以下几方面采取措施。

1. 理性认识亲子冲突，增强朋友网络联结

虽然疫情期间由于社交隔离的影响，相较于其他时期大学生的亲子冲突的频率有所增加，言语冲突和情绪对立的程度也明显增强，但应理性地认识到作为亲子关系的一种状态，亲子冲突是父母和子女之间的一种对立性的双向互动过程，是亲子双方表达出来的不一致，这种表达方式可能是言语的方式，也可以是观念或情绪的对立、沉默、退缩或逃避等非言语的方式。

首先，亲子冲突具有一般性，亲子冲突在几乎所有的亲子间都存在，随着时间的变化冲突的原因和形式会有所不同，但完全消除亲子冲突是不现实也是不可能的。

其次，亲子冲突具有建设性。虽然价值观、生活习惯和心理发展阶段的差异导致冲突，但冲突的过程也是增进了解、缓和矛盾、宣泄情绪的重要契机，尤其在疫情期间的应激状态下。

最后，亲子冲突具有自愈性。亲子间具有天然的血缘联系和深厚的亲情基础，一般情况下不会因冲突而破裂或受到明显损害。

朋友网络是家长和孩子都需要的社会支持系统中的重要组成部分。亲子双方应给予彼此更多的理解和关爱，以平等、宽容和开放的心态进行沟通、相处，并通过多种形式与朋友进行深入的情感沟通，削弱因疫情造成的影响。

2. 树立完整父母意识，营造和谐家庭氛围

不少的父母可能认为亲子关系是由父母自上而下地单一指向孩子，对

孩子的行为和价值认识提出标准或给予孩子情感与物质上的满足。然而完整的父母意识还包括面向父母自己的层面，过高的父母和子女的一体化趋向常会致使父母将孩子成长、成才视为自己的成功标志，对孩子严格要求、寄予厚望的同时，放弃了自己的学习与进步。中国传统文化和社会学理论都强调身体力行的积极作用，父母应当加强自身学习、努力认识新事物，为孩子树立正向的榜样，弥补亲子间的代沟。"向孩子学习""父母与孩子一同成长"是建立良好亲子关系的条件之一，应当成为家庭教育的新观念。在家庭中，亲子互为教育者和受教育者，在平等、和谐、融洽的家庭氛围中，相互约束、相互学习、相互促进，共同进步。

3. 针对新冠肺炎疫情影响，积极利用各种心理服务

突如其来的疫情给民众造成了普遍性的应激反应，在认知、心理和行为层面都造成了严重的心理冲击。社交隔离造成的社会支持削弱和亲子冲突都与之有密切关系。在此特殊时期，社会和学校都高度重视并建立了心理援助机制，推送和宣传心理知识，通过网络、电话等形式开展在线心理咨询等服务。家长和学生可以积极地利用这些心理咨询或心理服务渠道宣泄心中的苦闷、矛盾、烦恼，从而有效缓解疫情期间的亲子冲突和由于社交隔离造成的心理问题。

Q&A 问题 10：家长如何帮助有心理问题的孩子？

有调查显示，在新冠肺炎疫情期间，本身存在心理疾病的学生受到疫情的影响而产生情绪困扰的程度比正常学生要大一些。因此，这部分学生需要得到家长更多的理解、支持和帮助。

对于这部分孩子，如果已经在进行药物治疗，家长首先要尽可能帮助同学坚持规范的药物治疗，遵医嘱按时按量服药，定期复诊；遇到困难，要想尽办法努力去克服，保证孩子的规范治疗。不能随意自行停药和减量，停药需要在医生的指导下逐渐减量进行。如果在进行心理咨询，请尽可能保持心理咨询，可以与咨询师商量由线下改为线上。

疫情期间大学生一些常见心理问题如下：

（1）焦虑。疫情此起彼伏，这使我们再度陷入对疫情的焦虑体验中。

（2）抑郁。在居家防疫期间，有的人情绪低落、悲伤、容易疲劳、精神不振，学习很难集中注意力，加上身边其他人传递的沮丧情绪，可能产生抑郁，如果持续时间长，会导致生理紊乱，影响正常的睡眠和饮食，还会造成机体免疫力下降。

（3）强迫。一部分同学过度关注疫情信息，或者怀疑自己没有消毒干净，反复对自己的用品和接触过的物品进行消毒，如果不反复消毒，自己总是不放心。

（4）盲目乐观。由于国内疫情好转，部分人可能放松预防措施，过早开始旅行、聚餐等活动，这有可能造成疫情反扑。

（5）压力。线上教学的开展，保障了同学们按时学习的需要，但是面对新的授课方式、学习方式，各种学习软件的应用，有些同学感到力不从心。

比较好的应对方式如下：

（1）接纳情绪。理性认识心理反应，有助于我们及时调整心态，积极应对疫情。

（2）理性对待疫情的信息。通过官方媒体了解关于疫情的报道，掌握流行情况，不轻信传言，认真做好防护。

（3）保持与他人沟通。长时间闭门不出，会感到孤独，可以通过手机多与他人交流，互相倾听，相互鼓励，相互支持。

（4）坚持健康的生活方式。虽然不能外出，但是我们也要保持原有的作息规律，按时吃饭、睡觉、学习。

（5）掌握抗压的方法。例如：情绪宣泄、认知调整、积极联想以及咨询求助等。

目前，我们仍然需要继续面对疫情的压力，需要继续做好我们的本职工作，也需要更好地处理好亲子关系。

不少人认为现在已经正常地复工复学了，大学生们也回到了学校开始一如既往地学习，亲子关系问题因而也就不是什么问题了。对于疫情期间产生的亲子矛盾，家长需要认识到，并非疫情来了，亲子之间才有这些问题和矛盾，疫情期间的长时间相处，只是把掩盖了的矛盾暴露了出来。我们需要认真审视和孩子之间存在和暴露的问题，重塑良好亲子关系，促进自己和孩子更好地成长，拥有更融洽的关系和更幸福的生活。

第八章
非常规突发事件中的心理援助

【内容提要】

心理援助是在灾难中或灾难后为帮助受灾人群应对灾难引发的各种心理困扰、心理创伤所提供的所有心理帮助。在我国，心理援助是在重大灾难或危机事件中与发生后的特殊、紧急、高关注度的心理健康服务，是灾后重建的一项源头性、基础性工作。

高校非常规突发事件心理调适工作指南

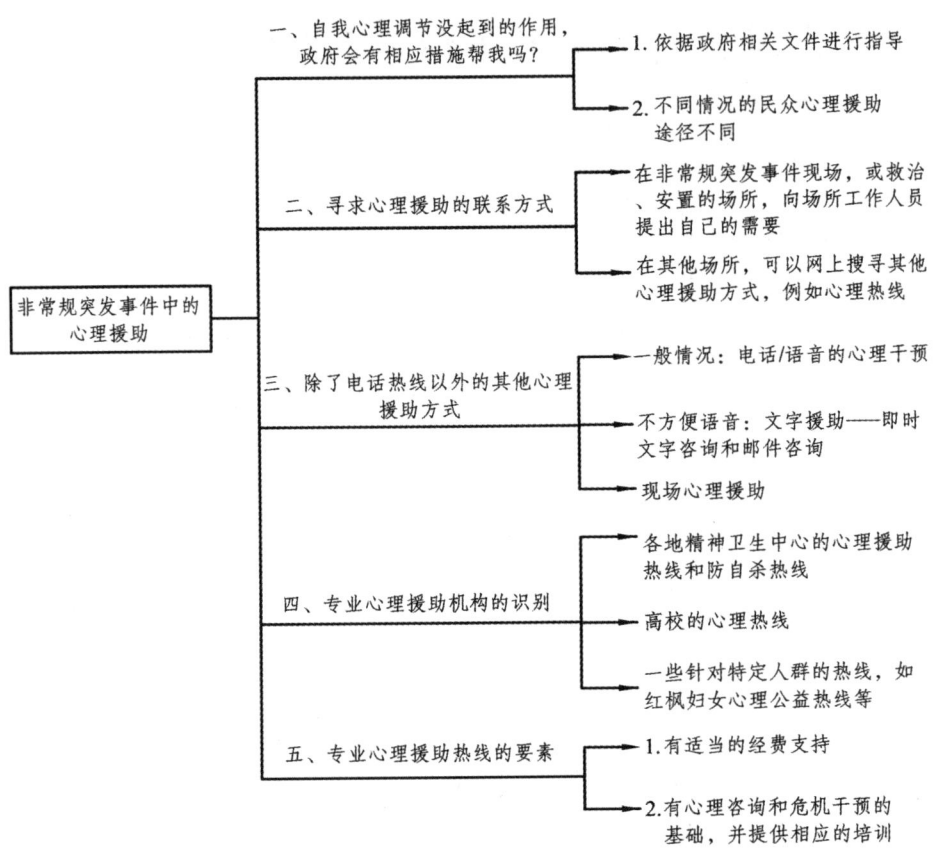

第八章 非常规突发事件中的心理援助

【内容解答】

问题1：自我心理调节没起到作用，政府会有相应措施帮我吗？

在非常规突发事件中，不仅仅是直面事件的个体，其他群体也都可能会受到或多或少的心理影响。

中国政法大学的王丽莉老师在2009年就提出：对我国这样一个灾难与突发事件多发的国家而言，灾后心理援助不仅仅只是专业工作者的事情，政府作为危机管理的主体，在心理援助中不仅应该有所作为，更承担不可或缺的责任。其主导作用体现在建立危机干预的立法保障，探索适合国情的公共教育形式；体现在对突发事件的迅速积极响应，提供权威支持和对心理应急干预的组织与协调；更体现为心理重建过程中所提供的政策支持与社会动员。

《中国精神卫生工作规划（2002—2010年）》中即有规划："建立国家重大灾害后精神卫生干预试点，开展受灾人群心理应激救援工作。到2005年，重大灾害后干预试点地区受灾人群获得心理援助服务的比例达20%；到2010年，重大灾害后受灾人群中50%获得心理援助服务。"在2008年的汶川地震后，有很多的心理援助机构和方法就已经开始在工作和运用。但是我们也看到在2008年，我国的心理援助还没有健全的体系，几乎都是各个单位或个人以志愿者身份投入，心理援助比较零碎，也不规范。另一方面，2008年的社会大众，对于心理健康也没有如今重视，遇到非常规突发事件后没有主动寻求帮助的意识。因此，多部门多机构也在呼吁，要构建科学有效的非常规突发事件后的心理援助/心理危机干预服务预案。

时间过去了十二年，到2020年初新冠肺炎疫情发生后，可以看到我国在非常规突发事件发生后为民众提供相应的心理援助的制度和机制的成熟度明显提升。在此，以新冠肺炎疫情为例，向大家说明可以求助的心理援助或干预方法。

在新冠肺炎疫情发生后，国家卫生健康委办公厅在2020年1月26日即印发了《新型冠状病毒感染的肺炎疫情紧急心理危机干预指导原则》，对心理干预的管理实施、目的、工作内容等均进行了明确规定，抄录如下：

《新型冠状病毒感染的肺炎疫情紧急心理危机干预指导原则》摘要

一、组织领导

心理危机干预工作由各省、自治区、直辖市应对新型冠状病毒感染的肺炎疫情联防联控工作机制（领导小组、指挥部）统一领导，并提供必要的组织和经费保障。

由全国精神卫生、心理健康相关协会、学会发动具有灾后心理危机干预经验的专家，组建心理救援专家组提供技术指导，在卫生健康行政部门统一协调下，有序开展紧急心理危机干预和心理疏导工作。

三、制定干预方案

（一）目的。

1.为受影响人群提供心理健康服务；

2.为有需要的人群提供心理危机干预；

3.积极预防、减缓和尽量控制疫情的心理社会影响；

4.继续做好严重精神障碍管理治疗工作。

到2020年3月，我国新冠肺炎疫情防控形势发生积极向好变化，不同人群心理状况也随之变化。为贯彻落实中央领导同志指示精神，进一步加强重点人群心理疏导和心理干预，又发布了《新冠肺炎疫情心理疏导工作方案》。在工作方案中，具体工作措施包括：

加强患者及家属的心理疏导。

做好病亡者家属关心关爱及心理疏导。

强化低保对象、特困人员、特殊困难老年人、困境儿童、流浪乞讨人员、残疾人等心理支持。

做好疫情防控医务工作者心理服务。

加强公安民警等一线工作人员心理疏导。

加强特殊人群管理服务。

积极开展广大群众心理疏导。

可以看到，对于不同情况的民众，可能求助的途径会有一些不同，一般来说有以下途径：

（1）医疗卫生机构提供精神类疾病评估和诊疗。心理健康状况较差的患者、受到创伤的一线医务人员、治愈隔离患者等，可以由在医院服务的心理治疗师和社会工作者进行评估和干预，有需要时与精神科医师进行会诊治疗。患者家属或出院的患者，由隔离点或患者所在地区的基层医疗卫生机构接手，确保治疗的延续性。其他有精神类疾病需要治疗的群众，也通过该途径获得相应治疗。

（2）民政部门提供人文关怀。民政、卫生健康、工会、共青团、妇联、残联等部门，对在社区的重点人群，例如患者家属（特别是病亡者家属）、一线医务人员及家属、因疫情影响工作生活受到较大影响人群，及低保、特困、流浪乞讨人员等，通过民政部门提供人文关怀，组织相应的活动提供心理支持，并组织社会工作服务机构、精神卫生医疗机构、慈善组织等为其提供社会支持和心理干预。

（3）心理工作者提供驻场服务。对于疫情防控医务工作者、公安民警、小区物业等一线工作人员，在其轮班休息时间，提供讲座、团体辅导、个体咨询、放松训练等心理服务。对于明显应激反应的工作人员，要进行针对性的个体心理治疗或适当的药物干预。也需要向其开放针对性的心理热线等较为灵活的心理干预途径。

（4）心理热线提供心理干预功能。在非常规突发事件发生后，整合原本的心理援助热线，对热线人员进行相应的针对性培训，在经过培训的精神卫生专业人员指导下，设定应对该事件的专门的心理援助热线，起到向公众提供心理支持、心理疏导等服务，预防与减轻疫情所致的心理困顿，防范心理压力引发的极端事件的作用。各类群众均可向此类热线求助。所涉及的服务可能从询问一般性信息、倾诉和发泄情绪、寻求心理干预到进行心理危机干预等多个层面。

（5）通过广电部门、网络平台等线上资源，包括科普文章、讲座等，普及心理健康知识。大众较为常见的心理反应和心理需求，均可以通过此类干预途径得到介绍和解答。

有这么多的途径可以选择，相信一定有适合你的。

问题 2：我想要寻求心理援助，从哪里可以找到联系方式呢？

当我们想要寻求心理援助时，根据你所处的不同情况，可以从不同的途径获取联系方式。

如果你在非常规突发事件现场，或救治、安置的场所，可以向场所工作人员提出自己的需要。例如2020年的新冠肺炎疫情、2021年郑州大暴雨，医疗卫生机构、隔离点、避难地等场所中，均可以向工作人员或相关机构提出自己的心理援助需求，会有相应的机构或人员与你联络。

如果你不在以上场所，例如是在其他城市、地区，但是仍然因为非常规突发事件而影响心理状况，就可以到广电部门、网络平台等线上资源寻求相应的心理援助。

仍然以新冠肺炎疫情为例，全国原本就有不少心理援助热线，设置有专人专岗。而新冠肺炎疫情中，又新开设了非常多的新冠肺炎疫情心理援助热线，专门提供针对非常规突发事件的服务。据2020年2月初的不完全统计，全国有31个省市区均开通了心理援助热线，其中有效运转的24小时提供服务的心理援助热线就有300余条，这还不包括各大高校的心理援助热线。[①]

在国务院应对新型冠状病毒感染的肺炎疫情联防联控机制发出的《关于设立应对疫情心理援助热线的通知》中明确规定，"各地要通过电视、官方网站等多种媒体及时向社会公布心理热线电话号码，让群众广泛了解。有条件的地方应向电信部门申请开通热线电话短号码，方便群众记忆和拨打"。

所以如果想要拨打心理热线，一般推荐打当地的心理热线，联系方式可以通过看当地电视台节目，或者收听当地广播电台来获得。当地的心理援助热线由于都是当地的心理工作者接线，对当地的情况比较了解，包括事态发展、民众关心的核心、风俗习惯等，能给出比较贴切的回应，也能

[①] 中华人民共和国中央人民政府网站2020年2月5日新闻：《疫情期间，各地开通24小时心理援助热线！这里可以直接打》，链接：http://www.gov.cn/fuwu/2020-02/05/content_5474792.htm.

较快与来电者建立相互信任的关系,这些能够提高热线服务的有效性。例如在新冠肺炎疫情前期,武汉的群众打电话给外地热线,热线心理咨询师对其进行辅导时,来电者容易有"你们并不了解我们,能帮上我们吗?""你说这些根本就是站着说话不腰疼"之类的感觉,热线效果也就打了折扣。而同样的话如果是当地的心理工作者说出,来电者就不那么容易产生反感。所以一般推荐优先选择拨打当地的热线电话。

《关于设立应对疫情心理援助热线的通知》中还要求"省级或者地市级卫生健康行政部门要切实负起责任,统一组织协调当地心理热线,组建热线技术专家组,提供技术支持。要尽快评估卫生健康、教育、民政等部门、学会、协会等社会组织已开通的心理热线的服务能力,依托有条件的热线设立专席,开通疫情应对心理援助专线"。所以几乎所有的省市区都有热线开通,只是由于各地心理工作基础不同,热线开放时间可能有早晚之别。

还有很多热线是面对全国服务的,比如"教育部华中师大热线电话"平台。只要来电者想要通过热线得到帮助的议题并没有特别多与本地相关的内容,或者本地暂时还没有开通热线时,也可以选择面对全国服务的热线。面对全国服务的热线可以通过网络搜索、新闻报道等方式获得。

问题3:除了电话热线以外,是否还有别的心理援助方式?

一般说来,在心理援助中,想要给求助者足够的理解和陪伴,提供有针对性的建议,需要大量的信息,所以一般用电话或视频的方式会比较适合。但有一些求助者不太喜欢语音或视频的沟通方式,特别是一些年轻人,更喜欢用文字而不是用语音的方式来沟通,也就意味着如果只有热线电话的心理援助途径,有可能会降低他们的求助概率。在新冠肺炎疫情及类似的公共卫生事件中,与其他突发事件不同的是,需要居家隔离,很多人与家人一直待在一起,有可能为了不让家人担心自己,有一些求助者不愿意让家人知道自己的心理状况,所以更不愿意使用电话的形式进行求助。

考虑到这样的情况,有不少心理援助平台也开放了文字心理援助的方式。例如"北京社工心理志愿服务微信平台"就提供了微信心理服务；乌鲁木齐市"温暖陪伴，爱在线上"疫情防控心理支持志愿服务活动提供热线电话、微信、邮件三种心理服务。还有更多的心理援助平台有类似服务，大家可以自行搜索。

但仍然需要提醒的是，文字咨询和邮件咨询虽然被证明是有效的，但是与语音和视频咨询相比，减少了交流的即时性，语音、语调、停顿等非言语信息也被极大减少了，所以整体来说信息量比语音和视频咨询要少很多，可能会影响咨询的信任度和效果。因此，如果有可能进行语音或视频咨询的话，建议大家尽量选择语音或视频的求助形式。

此外，还有现场心理援助方式。这主要是在非常规突发事件发生地进行的心理急救、心理危机干预，如一对一心理咨询，团体心理辅导等。

Q&A 问题4：如何识别心理援助机构是否靠谱？

在2020年2月国家卫生健康委就新型冠状病毒感染肺炎疫情防控工作中的网络在线、电话热线等社会心理服务有关情况举行新闻发布会上，国家卫生健康委疾控局副局长王斌特别指出："为了进一步方便公众及时得到咨询服务，我们近日还要求各个省份在原来已经有的心理热线的基础上，统筹协调好多部门、多方面资源的心理热线服务，比如原来分布在教育、民政、社会组织、社工组织的心理援助热线，把这样的工作团队都组织起来，并且加强对这些热线人员的培训和督导，把他们组织起来之后积极地为公众提供规范化的心理援助服务。同时，大家都知道，高校有学生心理咨询和心理辅导咨询中心，在疫情防控的形势下，我们希望高校充分利用心理咨询和辅导中心，为疫情防控下的学生提供心理危机的干预和咨询。"所以大家也就可以知道，在政府统筹协调的情况下，几乎所有的心理卫生相关组织和个体都被动员了起来，参加到心理援助热线的服务中，所以出现了很多心理热线也是非常自然的。比如2021年7月河南全省受到特大暴雨的肆虐侵袭，城市断水断电断路、农村不少民众失去家园，很快全国各地的心理援助热线就展开了工作。随后，河南当地的心理援助热线也陆续开通。

其实在没有遇到非常规突发事件时，也有非常多的心理援助热线在持续工作。例如各地精神卫生中心的心理援助热线和防自杀热线，部分高校的心理热线，和一些针对特定人群的热线，如主要面对女性的"红枫妇女心理公益热线"、主要面对青少年的"雪绒花心理帮助热线"等。但是当没有这种全民心理受到巨大影响的事件发生时，没有那么多心理科普相关内容持续大量出现在公共媒体时，大家一般不会想到求助心理热线，所以没有去关注相关信息，意识不到心理热线的存在也是很自然的。而非常规突发事件时，由于自身也感觉到了需要，宣传也上来了，所以有了"突然出现很多心理热线"的感觉，也很自然。

关于什么样的心理援助是靠谱的，我们可以参考在国务院应对新型冠状病毒感染的肺炎疫情联防联控机制发出的《关于设立应对疫情心理援助热线的通知》（肺炎机制发〔2020〕18号）中的规定和要求，以下摘录其中相应部分。

《关于设立应对疫情心理援助热线的通知》摘要

一、省级或者地市级卫生健康行政部门要切实负起责任，统一组织协调当地心理热线，组建热线技术专家组，提供技术支持。要尽快评估卫生健康、教育、民政等部门、学会、协会等社会组织已开通的心理热线的服务能力，依托有条件的热线设立专席，开通疫情应对心理援助专线。每条热线至少开通2个座席，结合本地公众需求提供24小时免费心理服务。地方政府应当对热线主办机构给予适当经费补助。

二、……

三、各地卫生健康行政部门要指导、协调热线主办机构尽快组建、充实热线工作团队，鼓励有心理咨询和心理危机干预经验的精神卫生、心理学专业人员、符合条件的社会心理服务志愿者，共同参与热线服务。各地要按照已下发的《新型冠状病毒感染的肺炎疫情紧急心理危机干预指导原则》（肺炎机制发〔2020〕8号，可在国家卫生健康委官网下载），针对不同人群的心理危机干预要点，对热线工作人员进行针对性的培训并进行技术支持和督导。

四、各地要加强心理热线管理，使用规范的热线服务流程，遵循心理热线服务伦理原则，定时分析汇总来电咨询的信息，了解和掌握公众关注的热点和各类来电人员的心理状态，做好评估和预判。发现突出问题或可能发生应激事件时，要及时将相关信息报告当地卫生健康行政部门。

归纳起来，一个靠谱的心理热线需要涵盖以下几个方面：

1. 有适当的经费支持

虽然心理援助热线是面向群众的公益服务，运营人员、接线的咨询师、督导师等也基本都是公益服务的，但是一个热线所需要的运营场所（一般热线都需要固定工作场所，新冠肺炎疫情这种需要居家工作的情况是比较罕见的）、硬件设施、运营商服务费用（例如申请短码热线的相应费用）、维护费用、宣传费用等支出，所以要想一个心理援助热线持续稳定地服务，需要适当的经费支持。依靠政府部门、精神卫生中心、高校等单位建设的心理援助热线一般都有适当的经费支持，而一些私营单位成立的热线，就需要大家进行考察。

2. 有心理咨询和危机干预的基础，并提供相应培训

正如前文中提到，心理援助热线所涉及的服务可能从询问一般性信息、倾诉和发泄情绪、寻求心理干预到进行心理危机干预等多个层面。这就意味着接线员需要有足够的心理干预理论和技术。一些人认为，心理热线的接线员因为是志愿者，没有收费，所以聘用一些新手心理咨询师，让他们通过在热线中为社会提供公益服务的同时，增加接个案的经验，达到提升自我心理咨询技能的目的。还有一些人认为，成熟的心理咨询师完全可以胜任接线热的工作，所以不用培训就可以上岗。但是这些想法都是不完全正确的，特别是在非常规突发事件后的心理援助中，由于来电者受到该事件的影响，心理状态存在特殊性，所以需要额外的培训。那么一个靠谱的心理援助热线，需要哪些基础和培训呢？

（1）遵守心理热线服务伦理。心理援助热线仍需遵守伦理，参见中国心理学会颁布的《临床与咨询心理学工作伦理守则》总则，包括善行、责

任、诚信、公正、尊重,以避免伤害及维护其最大福祉为基本出发点。具体情况参见中国心理学会注册系统首发的《抗疫心理援助热线工作指南》(附在本章后面)。

(2)有较为丰富的心理咨询和危机干预基础。在心理热线中,一般一次接线时间为 25~40 分钟,在这么短的时间里面,要与来电者建立信任关系、让来电者简要说明自己的状况和心理需求、给予来电者恰当的回应和针对性建议。这需要较好的心理咨询技巧才有可能做到。特别是在一些情况下,来电者可能有心理危机,例如有自杀的意念或行为,这时候需要接线员有危机干预手段,心态平稳,才可以提供足够的帮助。所以让初学者进行心理援助工作是比较困难的。如果处理不当,可能会对来电者以及接线员都造成严重的心理伤害。

(3)提供与本次非常规突发事件相关的政策、信息、心理状态培训。在针对非常规重大突发事件的心理援助中,了解相应的政策、信息、心理状态,无论是回答询问相关信息的来电者,还是对于评估和干预来电者心理状态,都会有非常重要的作用。例如在新冠肺炎疫情中,很多来电者是来询问在不能外出的情况下如何网络求医、如何自行判断自己是否被感染、如何了解权威的疫情相关的信息、如何进行个人捐赠等信息,这就需要接线员有足够的该病情相关医学知识、政策解读及时事新闻等信息。而不同的非常规重大突发事件往往会导致人不同的心理反应,同一个事件中受影响不同的人群心理反应也有很大的不同。《新型冠状病毒感染的肺炎疫情紧急心理危机干预指导原则》中指出:"新型冠状病毒感染的肺炎疫情影响人群分为四级。干预重点应当从第一级人群开始,逐步扩展。一般性宣传教育要覆盖到四级人群。"在热线中,也有不同人群打来的电话,因为疫情丧亲的哀痛、因为在一线工作见了太多生死离别的崩溃、因为自己曾经有外出经历担心自己染病的恐惧、因为与家人同处一室而引发的冲突 不同的人群有不同的情况,这些情况热线机构需要提前培训给接线员,让接线员有所准备,才可以更有效地使用接线时间。

(4)提供热线接线技巧培训。由于心理热线一般是在 40 分钟内结束,而且大多数平台的来电者并不能连续与同一位接线员进行沟通,所以就意味着要在短短几十分钟内进行一个完整的心理干预工作，这也就奠定了热线工作的工作性质是一次性快速起效的，不能慢慢帮来访者梳理他/她的心理状态，也不能进行深入的内心探索，甚至有的时候要非常清楚地给来访者一些指导和建议，例如引导他在通话过程中进行放松训练、建议他采用某些情绪调节的方式、及时评估和转介等。这与大部分心理咨询和心理治疗的理论和做法有本质的不同。所以哪怕是非常有经验的心理咨询师，如果要进行心理热线工作，也需要接受热线接线技巧培训。培训的内容包括热线的服务流程、服务伦理、短程工作模式、放松训练方式等。

（5）有规范的热线服务流程。由于日常的心理咨询与热线心理服务不同，导致心理援助热线需要短时高效提供服务，所以要规定心理援助热线有规范的服务流程（有的地方又称为"工作流程"），一般包括开场引导语—了解情况—分析现状—情绪抚慰—寻找资源/发展策略—结束接线，还有可能根据平台及来电者具体情况决定转介到危机干预或多次咨询服务等。在开场语部分，需要明确统一的热线名称，向来电者讲述清楚热线的知情同意，特别是保密和保密突破原则。这个流程须规定详细，并且保证通过培训后，所有的接线员均以同样的服务流程进行接线工作。

（6）提供有效的督导等接线员所需支持。一个靠谱的心理援助热线，必须有规范的督导等接线员管理和支持系统。而非常规突发事件中，除了平台自身的督导以外，还可能由一些机构、学会等组织督导进行热线的指导工作。例如在新冠肺炎疫情期间，由于疫情期间心理问题比较复杂，加之远程和线上工作方式的局限，高校心理咨询师在开展心理援助工作中遇到诸多挑战，急需专业督导来提高工作质量，并保持咨询师的良好工作状态。为此，中国心理卫生协会大学生心理咨询专业委员会（以下简称大专委）组建了由69位高校心理专家组成的督导师工作团队。大专委制定了《高校心理专家督导服务团工作细则》，明确了督导工作的目标、对象、原则以及工作方式、组织管理要求。并制定了受督者报名表、参与督导活动协议、受督案例登记表、督导工作总结表和受督者反馈表等一系列工作文件，为全面提升高校心理教师心理咨询专业素养和能力做出了重要贡献。（来源：2020年6月5日中国心理卫生协会新闻报道《公益心理督导团助力全国高

校打赢心理抗疫攻坚战》，http：//www.camh.org.cn/n-285/4.htm/）

有关于如何建设心理援助热线，如何评估一个心理援助热线是否符合标准，请大家参考以下附的《抗疫心理援助热线工作指南（一稿）》。

附：抗疫心理援助热线工作指南（一稿）

（注册系统首发）

贾晓明　安　芹

热线是新型冠状病毒感染性肺炎疫情下提供心理援助的最便捷、可行的方式。开设抗疫心理援助热线，可以为处于疫情不同层面的大众提供心理服务，包括提供心理支持、情绪疏导、情感支持，危机干预，促进受助者情绪稳定，维护心理健康。本指南包括抗疫心理援助热线建设的目标和原则、组织框架、人员筛选，热线服务的特点，基本技术与方法以及伦理规范等。

一、抗疫心理援助热线的目标与原则

01 目标

目标是为处于疫情的不同层面大众提供心理援助服务，包括提供情绪疏导、情感支持及危机干预，促进受助者情绪稳定，维护心理健康。

02 原则

（1）以规范为前提。

在党和政府的统一领导部署下，心理学工作者发挥专业效能，有序开展抗疫救灾心理援助工作。

（2）以科学为依据。

运用心理学方法和技术，帮助来话者发现问题，提供情绪疏导和情绪支持，以建设性方式提供帮助。

（3）以伦理为准绳。

遵守善行、责任、诚信、公正、尊重的职业伦理和职业精神，以避免伤害及维护其最大福祉为基本出发点。

二、抗疫心理援助热线的建立

01 热线建立的基本条件

（1）有机构、组织依托。抗疫心理援助热线的建立须依托某一机构、组织。如志愿者自行组织，须接受某一专业组织的指导。

（2）明确热线服务对象和服务范围，有针对性，如针对医务工作者等。

（3）明确服务性质：公益、免费。

（4）确保提供热线服务的设备条件，包括电话号、转换设备等。

（5）有提供热线服务的专兼职人员。

（6）使用规范、科学助人方法。

（7）在当地有关主管部门的统一领导下有序开展工作。

02 热线的组织框架与设置

（1）成立领导小组，有明确的负责人。

（2）热线内部成立不同职能的工作小组，主要有：

- 行政管理组
- 督导组
- 热线咨询师组
- 宣传与对外联络组

（3）有与服务内容相一致的"热线名称"。

（4）有具体的热线服务时间，每次服务时长一般 20~30 分钟。

（5）有热线服务管理的措施和相应文件，如接线咨询记录表、咨询记录文档管理方法等。

（6）有相关领域资源信息，如其他专业心理援助机构信息、医疗机构信息、政府政策、措施信息等。

（7）开通时有清晰、明确、规范、专业的广告宣传。

三、抗疫心理援助热线人员的筛选条件与管理

01 抗疫心理援助热线人员的筛选条件

（1）勇于担当，乐于奉献，具有良好的专业素养和敬业精神。

（2）具备一定的专业资质，其中包括：

- 精神科医生；
- 卫健委初级、中级心理治疗师；
- 中国心理学会已注册或公示的督导师、心理师、助理心理师；
- 高校、中小学心理健康教育中心专兼心理咨询师；
- 已取得人社部二级、三级心理咨询师资格证；
- 在海外获得心理咨询与治疗的相关资质者；
- 已系统接受过心理咨询与治疗的专业人员等；

（3）接受过一定危机情绪处理方面的专业培训。

（4）对热线服务的特殊性有一定了解。

（5）身心健康。

（6）网络通畅，能上网提供网络服务。

（7）有足够的服务时间。

02 抗疫心理援助热线人员的管理

（1）有专人负责热线咨询员，负责组织安排协调热线咨询员排班上岗，评估热线咨询员的专业水平和身心状况。

（2）为热线咨询员提供简易抗疫心理援助热线服务手册，包括热线服务目标、原则、工作流程、热线服务主要问题应答、热线咨询须注意的问题、伦理守则、精神卫生法等。

（3）为热线咨询员提供必要的培训，有规范的专业督导。

（4）有对热线服务人员提供心理支持的措施。

四、抗疫心理援助热线的特点

01 抗疫心理援助热线服务特点

（1）服务形式：方便、快捷、有隐匿性。

（2）服务内容：因疫情引发各种情绪困扰、心理应激、危机干预。

（3）服务方法：更加快速聚焦，更给予明确建议指导。

（4）服务目标：帮助来话者缓解情绪压力、应对现实问题、恢复对生活的控制感。

（5）服务途径：与多系统合作，及时转介。

02 与面对面一般性心理咨询的区别

（1）服务设置不同：时间短、不固定具体时长，多单次咨询。

（2）服务内容不同：不做创伤咨询治疗。

（3）服务方法不同：更多倾听、理解、澄清，多使用心理应激干预方法。

五、心理援助热线的基本工作流程

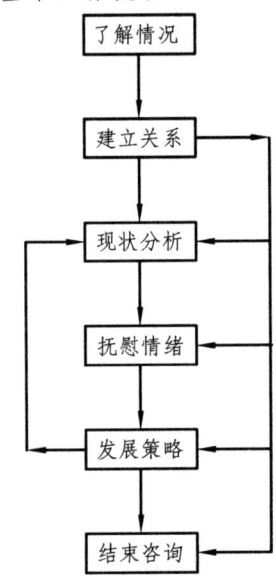

工作重点

1. 亲切开场，报出热线名称，并表达很高兴为对方服务。

2. 了解情况是首要工作，即搞清楚对方为什么打电话求助，同时还要决定来话者是否适合提供热线咨询。仅仅围绕本次疫情及其紧密相关问题进行，不过分延伸扩展。了解情况主要包括：①主要困扰；②如涉有身体症状问题，具体澄清；③来电当下所处环境；④目前可利用社会资源等。

关系是有效咨询服务的保障，是所有干预方法的基础，要采取真诚、尊重、共情的态度，与来话求助者建立关系。在本次抗疫心理援助过程中，一定要注意：

● 忌无视、轻视来话者的焦虑

● 忌批评指责来话者本不该如此

● 忌道德教育应该如何

3. 重视和澄清来话者的身体问题和现实问题，和来访者具体分析实际情况，判断首先要解决的问题。澄清有助于来话者的稳定感、确定感。对问题聚焦后，采取不同措施，从满足基本需求开始。

4. 根据来话者的情绪状况和环境状况，采取适宜的方法、技术进行干预。可采用稳定化技术、心理教育等，从身体、情绪、行为、认知等方面进行指导。

5. 对不同问题进行必要的转介。有诊断的、有症状的建议求医，有医疗与其他政策需求的提供相应信息或直接转介。

6. 积极寻找来话者内外资源，多给予鼓励、支持，提升自信心。

7. 妥善结束，强化积极方面，鼓励付出正性行动。告知有需求可继续来电。

六、抗疫心理援助热线的基本工作技巧与方法

01 倾听的技巧

（1）开放式问题。

咨询员以"什么""怎么""为什么"等语句发问，让对方给予较为详细的回答，了解事实的同时也是情绪宣泄的机会。

（2）封闭式问题。

咨询员的问题让对方以"是"或"不是"、"对"或"不对"等一两个字给予回答，目的是澄清事实，使通话限定在某些特定的问题上。

（3）鼓励和重复语句。

以某些词语，即"嗯""噢""后来呢"等，鼓励对方继续讲下去。所谓重复语句，是指重复对方所讲的某部分内容，引导对方沿着这个话题继续讲下去。

（4）对事实的说明。

对事实的说明，可以把来话者诉说的一件件分散的事情联系起来，帮助他们思考问题之间的关系，探索问题的本质。

（5）对感情的反应。

对来话者表达的情绪、情感做出反应。有时虽然来话者已经表现出某种情绪，但并没有意识到，咨询员如果能够对他们的情绪、情感准确反映，来话者会有被理解的感受。

02 干预的技巧

（1）具体化。

澄清具体事实，澄清词汇的具体含义。只有了解了当前这位来话者的具体问题，才可能真正理解对方。

（2）即时化。

从咨询员和来话者目前的情感、感觉、认知出发，有效地帮助来话者袒露内心，澄清问题，特别是当咨询陷入困境时可以找到咨询的突破口。

（3）对质。

向来话者反馈呈现来话者有混乱不清或者自相矛盾的言行。帮助来话者认识到这些矛盾之处，更好地改进，促进建设性行动。使用时注意语气温和。

（4）情感支持。

真诚的理解帮助分析问题，引导来话者看到自己积极的方面，认识到自己有力量解决问题，共同寻找解决问题的策略，这本身就是最有力的情感支持。

（5）促进行动。

一定的行动指导是必要的，与来话者共同讨论建设性解决问题的方法，以商讨的口气提出建议效果更佳，讨论可能遇到的困难更有助于来话者实施。

七、抗疫心理援助热线的伦理要点

抗疫心理援助热线特指在疫情非常时期提供的专业服务。遵循遵守中国心理学会颁布的《临床与咨询心理学工作伦理守则》总则，包括善行、责任、诚信、公正、尊重，以避免伤害及维护其最大福祉为基本出发点。

01 专业胜任力及专业责任

强调专业人员在专业胜任力的范围内做力所能及的专业工作。疫情当前，专业人员有热情发挥专业效能是专业人员应有的社会担当，但要求专业人员在已经接受的专业训练、实践经验及擅长服务的人群范围内提供专业服务。

抗疫心理援助热线接线员的专业胜任力，至少包括心理咨询基础训练，了解电话咨询的独特性，并接受过此次疫情相关的紧急培训，具备与疫情有关的基本医学知识，有处理危机情绪的基本训练等。

02 关于知情同意

为实现知情同意原则，专业人员应在宣传热线时向公众提供详细说明，具体包括热线的资质（隶属于何机构或组织）、热线服务的性质（服务内容、面向人群）、热线接线人员的资质（接线员的专业性）以及热线接听的设置（如单次还是连续、有无时间限制、是否收费），包括是否录音等。

在条件允许时，接线员与来话者进行口头讨论知情同意。在紧急情况下，以来话者打通热线求助视为知情同意，默认来话者在选择这种服务途径前已阅读相关信息。

03 保密及保密突破

保密仍然是基本专业伦理。除了在督导和业务研讨之外，不向外界透露来话者的情况。对咨询记录妥善保存，绝对避免丢失，注意及时向隶属机构归档。研究、发表等需引用资料时必须经热线批准，同时要对来电内容作保密处理。

保密突破除了涉及来话者自杀、自伤等情况以下，与疫情特别相关的，如果发现来话者明显是确诊患者却未接受医学治疗，首要的是与来话者讨论就医问题以及可能造成对他人及公众的威胁，必要时报告有关部门。

04 关于专业关系

充分尊重来话者，保持客观、中立的立场，接纳来访者的情绪，不批评指责来话者，不把自己的观点或社会的规范强加于来话者。

不向来话者透露私人联系方式，不建立工作之外的关系，避免双重关系影响专业判断。抗疫心理热线援助是一种紧急服务，旨在非常时期帮助来话者，不鼓励转为长期来访者。

05 关于自我觉察和自我照顾

（1）接线员。

要安排好工作和生活的平衡，保证身心良好状态。检视自己投入心理援助热线服务的动机，保持稳定的情绪状态。

（2）开通热线的机构。

资质：有政府或专业组织依托，有不同层级的专业人员资源。

资源：接线人员充足，组织架构安排合理，有督导资源。

特别谨记：

1. 对于医疗咨询的服务，必须转介医疗咨询热线，提供卫健委最权威推荐。

2. 对于原本是自杀、自伤或重度抑郁等危机个案，建议转介危机干预热线，提供推荐最权威列表。

第九章
非常规突发事件中的心理危机干预

【内容提要】

非常规突发事件发生后,不少人会出现较为强烈的心理应激反应。如果不能及时和有效应对,长期的或强烈的应激反应容易引起个体身心疾病或心理障碍。本章就非常规突发事件发生后,为什么要进行心理危机干预,心理危机干预的对象、原则、流程、技术以及需要注意的方面等进行了较为详细的解答。

高校非常规突发事件心理调适工作指南

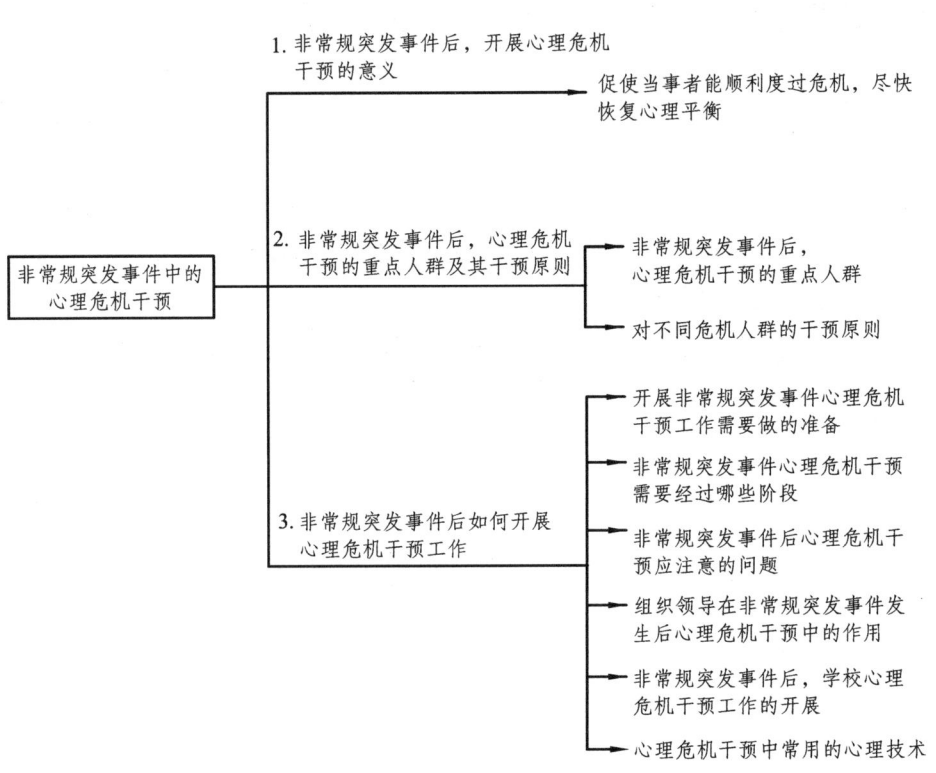

第九章 非常规突发事件中的心理危机干预

【内容解答】

问题1：出现非常规突发事件后，为什么要开展心理危机干预？

一般来说，非常规突发事件出现后，不少人会出现应激心理反应。如果有的人心理应激反应超出了正常范围，对个体自身的学习、工作、生活等社会功能造成了严重影响，无法适应当前的生活，那么就需要开展心理危机干预工作。

心理危机，是指个体遭遇重大应激事件后，个体感到难以解决、难以应对时内心平衡被打破的一种心理失衡状态。在危机状态中，个体正常的生活受到干扰，内心的紧张不断积蓄，继而出现无所适从甚至思维和行为的紊乱。

一般来说，非常规突发事件后，紧急心理危机干预的时限为在事件发生后的4周以内，这是开展心理危机管理和心理危机援助的最佳时期。其意义在于：防止过激行为，如自伤、自杀或攻击行为；释放被压抑的情绪，重建信心及正确的自我评价；及时处理当事者的精神、情绪及行为问题；帮助建立支持，摆脱危机；帮助寻求解决问题的方式，让当事人学会采用积极有效的方法应对挫折。如果非常规突发事件后没有及时开展心理危机干预，部分受非常规突发事件打击的当事人容易产生心理问题，轻者会影响正常的工作学习和生活；重者会破坏心理结构，甚至会产生创伤后应激障碍。

问题2：非常规突发事件后，哪些是心理危机干预的重点人群？

不是所有非常规突发事件的亲历者都要同时或开展相同的心理危机干预工作。我们需要对非常规突发事件（灾难）的亲历者按照心理危机干预工作专业的标准分为不同层次，根据事件亲历者的实际情况开展心理危机干预工作。

根据人们遭受非常规突发公共事件影响的方式（直接或间接），可将受灾人群大致分为以下五级进行干预，干预重点应从第一级人群开始，逐步扩展；一般性宣传教育要覆盖到五级人群。

（1）第一级人群：非常规突发事件的直接亲历者，如死难者家属（直系）、伤员、幸存者，这一部分群体是心理危机干预的重点人群。当非常规突发事件发生之后，学校的相关部门（特别是心理中心）要在第一时间梳理并明确这部分人群，掌握这部分人群的心理状况，并提供有序、专业的帮助。直接经历非常规突发事件的这一部分人群，产生心理危机的可能性较大，需要重点关注，必要的时候可以逐一进行筛查研判。当然，并不是所有的个体都会出现心理危机，因为人的心理弹性与复原力各不相同，产生危机的状况也自然不一样，因此在提供心理危机干预帮助时也需要灵活处理，不可生搬硬套。

（2）第二级人群：非常规突发事件现场的目击者（包括救援人员），如目击事件发生的灾民、现场指挥、救护人员（消防救援人员、武警官兵、医疗救护人员以及其他救护人员）。这部分人群在处置突发事件的现场，也是事件的亲历者。虽然他们和直接亲历者（当事人）的暴露程度不同，但这一部分人群在突发事件的处置和救援现场，一方面一些灾难性场景极易诱发这部分人群的创伤性反应；另一方面身心都处于高度的应激状态之中，应激反应的叠加，极易诱发这群人的心理危机。这部分人群在灾难性事件救援过程中，身心都处于一个高度的应激状态，其心理危机往往具有一定的滞后性，对他们的心理危机干预工作不能忽视。

（3）第三级人群：与第一级、第二级人群有关的人员，如死难者家属（非直系）、幸存者的亲人、救援人员的亲属等。因非常规突发事件亲历者的死伤，这部分人群出现不同程度的心理应激状态。

（4）第四级人群：后方救援人员、在灾区开展服务的人员或志愿者、事发地所在的社区居民、新闻媒体报道记者等。这部分人群因为间接接触突发事件相关的信息，容易出现替代性创伤。

（5）第五级人群：通过媒体间接了解非常规突发事件的人群。这类人群也可能出现替代性创伤。

我们通过一个案例来说明非常规突发事件受影响人群的五个等级。2020年新冠肺炎疫情肆虐全球，可以说是一个非常大的非常规突发危机事件。在这个事件中,需要我们特别关注或干预的一级群体就是那些新冠肺炎的感染者或者是受感染死亡者的家属。第二等级的人群就是现场参与抗疫的医护人员、工作人员。第三等级就是病毒感染者(已救治成功)、医护工作者、其他现场工作者的亲人及家属。第四等级就是在后方支援抗疫的相关人员,包括志愿者、救援协调人员、间接参与救援的居民、媒体工作者等。第五等级就是在这个事件中通过媒体间接了解疫情发展信息的敏感人群。

问题 3:对不同危机人群的干预原则是什么?

对第一级危机人群的干预原则:隔离、保护、心理支持、个体辅导、及时反馈信息。

对第二级危机人群实施干预的原则:合理调配、劳逸结合、保护、心理支持、集体心理干预、定时跟踪与反馈信息。

对第三级危机人群的干预原则:合理安置、保护、心理支持、团体辅导、信息反馈。

对第四级危机人群的干预原则:统一管理、心理支持、团体辅导、科学宣教、信息反馈。

对第五级危机人群的干预原则:正确导向、科学宣教、心理支持、信息反馈。

问题 4:开展非常规突发事件心理危机干预工作需要做哪些准备?

1. 组织培训非常规突发事件危机干预小组成员

心理危机干预小组一旦组成,在开展具体心理危机干预工作之前需要进行紧急培训,特别是当非常规突发事件心理危机干预小组成员中存在不具有心理学或医学背景的人员时,培训工作有助于在心理危机干预工作中达成一致的处置意见。在培训中,需要针对当时发生的非常规突发事件性质、严重程度、学生可能会出现的危机特点、危机干预的注意事项等内容进行培训和沟通,同时,也需要明确在心理危机干预的过程中可能会出现的困难和问题,拟采取的解决处置方案等,便于大家事先有所了解,做好心理准备。此外，还需要针对非常规突发事件，培训一些基本的医疗救护知识和技术，例如心肺复苏技术、骨折伤员的制动搬运、创伤止血等。

2. 明确心理危机干预的人群，初步估计干预对象的心理状况和数量

非常规突发事件发生后，需要根据暴露程度，明确心理危机干预的人群，评估被干预对象的心理状况，初步估计干预对象的人数规模。

为了更好地评估心理干预群体的心理状况，对他们的情况做出正确的判断，分层次地开展心理援助工作，可以借用一些常用的简便易行的评估工具。比如《灾后目标人群心理健康状况简易问卷（SRQ）》等评估工具，能起到比较好的辅助评估作用。

目标人群的心理健康状况量表（SRQ）

1. 你是否经常头痛？
2. 你是否食欲差？
3. 你是否睡眠差？
4. 你是否易受惊吓？
5. 你是否手抖？
6. 你是否感觉不安、紧张或担忧？
7. 你是否消化不良？
8. 你是否思维不清晰？
9. 你是否感觉不快乐？
10. 你是否比原来哭得多？
11. 你是否发现很难从日常活动中得到乐趣？
12. 你是否发现自己很难做决定？
13. 日常工作是否令你感到痛苦？
14. 你在生活中是否不能起到应起的作用？
15. 你是否丧失了对事物的兴趣？
16. 你是否感到自己是个无价值的人？
17. 你头脑中是否出现过结束自己生命的想法？
18. 你是否什么时候都感到累？

19. 你是否感到胃部不适？
20. 你是否容易疲劳？

评分界值：7/8 分，10 分以上需重点关注。针对群体筛查后，先关注得分高者。

3. 制定心理危机干预方案

要针对非常规突发事件的类型以及影响程度、亲历者的社会功能状况以及心理应激状态，由心理干预专业工作人员主导制订干预计划，同时要考虑亲历者所处的社会文化背景、风俗习惯以及家庭环境等因素，分级分类开展心理危机干预，个别干预与团体干预相结合。危机干预计划应是限时、具体、实用和灵活可变的。

4. 与家庭、学校相关部分保持顺畅的沟通

在高校开展非常规突发事件后的心理危机干预工作，特别是心理危机干预对象是大学生群体，应该与其监护人保持密切的沟通。按照《中华人民共和国精神卫生法》的要求，也需要与学生监护人保持联系，告知其学生的心理健康状况。同时，也需要与学生所在的院系以及学工部、研究生院、保卫处等职能部门协调沟通。

5. 做好与专业精神科医院、社区的联动联通工作

保持与专业精神科医院"绿色通道"的通畅，在必要的时候进行转介，及时做好住院或留院观察期间的配合工作。同时，与师生所在的社区保持联动联通，做好居家沟通的工作。

6. 做好后勤服务保障工作

开展非常规突发事件后的心理危机干预，需要做好后勤保障工作，保证心理危机应急干预行动的顺利开展。具体来说，需要确保讯息畅通、充足的经费、必要的交通装备、安全的居住场所（充足的食物和水的供应，相对安全的居住场所在心理危机干预初始阶段尤为重要）等。

问题 5：非常规突发事件心理危机干预需要经过哪些阶段？

在经历非常规突发事件或重大灾难后，亲历者的心理状态会从应激状

态逐渐趋于平和，大致可以分为5个阶段。

1. 第一阶段——心理应激阶段

这一阶段发生于非常规突发事件冲击当时和之后不久，当事人情绪是强烈的，包括害怕、麻木、惊吓、困惑，感到震惊和不知所措。这个阶段最重要的资源是学校老师、同学、家人、邻居和各种紧急助人工作者。

在这一阶段首要的是做好稳定工作，如躯体化的稳定、社会关系的稳定、情绪的稳定。主要的干预策略是陪伴及取得受干预者的信任，在陪伴过程中让他们感到不孤独，注重倾听、鼓励他们倾诉和表达，这是其情感宣泄的方法之一；在倾听过程中观察和快速评估。对负性情绪特别多的人要重点关注和及时疏导，以防负性情绪像滚雪球一样越滚越大。

在这个阶段处于巨大应激状态下的人，也可能出现沉默、精神恍惚、否认已发生的事实，甚至会有愤怒和攻击行为。对于这一部分的人群来说，保障他们的基本生活和人身安全是最重要的。对于沉默不善表达的个体，更多的是给予陪伴和支持；而对于情绪激动有愤怒情绪的，也表示理解，允许愤怒情绪的发泄，但要密切关注，以免产生过激行为。

2. 第二阶段——被动防御阶段

第二个阶段通常在非常规突发事件之后的一个星期到数月不等。症状包括胃口改变、消化问题、头痛、生气、怀疑、急躁等；也可能会出现淡漠和忧郁，从家人和朋友当中退缩，对于未来的焦虑升高。另一方面，幸存者（那些失去所爱之人和财物的人们）会发展出一种强烈地想要与他人分享危险经验的感受。

这个阶段的受干预者很多行为方式还处在一个自动化无意识的状态。在这一阶段主要的干预策略还是观察与评估；筛选重点干预人群以及排查有自杀倾向人群；根据不同个体状况使用适宜的干预技术进行有针对性的一对一干预。

3. 第三阶段——重建阶段

非常规突发事件后的第三阶段通常会延长到一年。特点是如果政府的援助没有兑现或延后，受灾群众就会产生强烈的失望、抱怨、痛苦。相关服务机构可能会撤出，本身的社群组织也可能会被削弱或消失。在这个阶段，受难者专心着手解决他们的个人问题，会渐渐失去之前和社群分享的那种感受。但如果政府援助有力，受灾群众就会聚集资源，准备通力合作重建生活。这时，他们会因为自己克服了重重困难而感到骄傲，但也会感到疲倦，觉得自己已精疲力竭，这段时期是自杀和创伤后应急障碍（PTSD）的高峰期。

所以这个阶段干预的策略仍以评估为主，动员社会支持系统给予更多关爱；同时还要特别关注那些早期看起来好像没什么、特别坚强的人。因为在重大创伤后约有15%的人会出现PTSD，这些人还可能变成慢性PTSD。非常规突发事件后存在PTSD的回避症状及麻木症状的个体，往往不能很好地利用社会心理支持资源，并缺乏正确的应对策略，这些被认为是其最后结局不良的主要原因。

4. 第四阶段——衰竭阶段

这一阶段，非常规突发事件的幸存者会感到沮丧。他们的精力已被耗尽，已清楚并亲身体会到非常规突发事件带来的灾难性结果。此阶段公众的兴趣和媒体的关注也渐渐淡去，灾难幸存者觉得自己被抛弃了，可是非常规突发事件带来的灾难性影响却依然存在。这一阶段干预的重点是将政府的救援计划及时告诉幸存者，让他们感受到政府是不会放弃他们的，同时也要充分发挥社会支持系统的作用，让他们感到温暖、被支持；同时安排特殊人群进入治疗阶段。

5. 第五阶段——恢复阶段

这一阶段，遭受非常规突发事件的幸存者渐渐适应了灾难导致的变化。当自然环境和社会环境被改变后，他们所在的社区架构也会发生变化。这一阶段干预重点是赋能和灌注希望，即引导他们积极思维，让他们看到今后生活的希望；挖掘其自身潜能，同时也让其意识到这是自己要担负的责任。

最后的阶段可能会持续许多年。在这一阶段中，需要和危机干预对象制定有效的治疗与辅导计划，通过这些辅导和治疗，让他们不仅平复灾难带给他们的伤害，更重要的是重建思维，改变行为，积极应对未来的生活。对于特别严重的个体，需要转介到专业医院进行医治。

问题6：高校非常规突发事件心理危机干预流程是怎样的？

高校非常规突发事件心理危机干预的工作程序如图9-1所示。

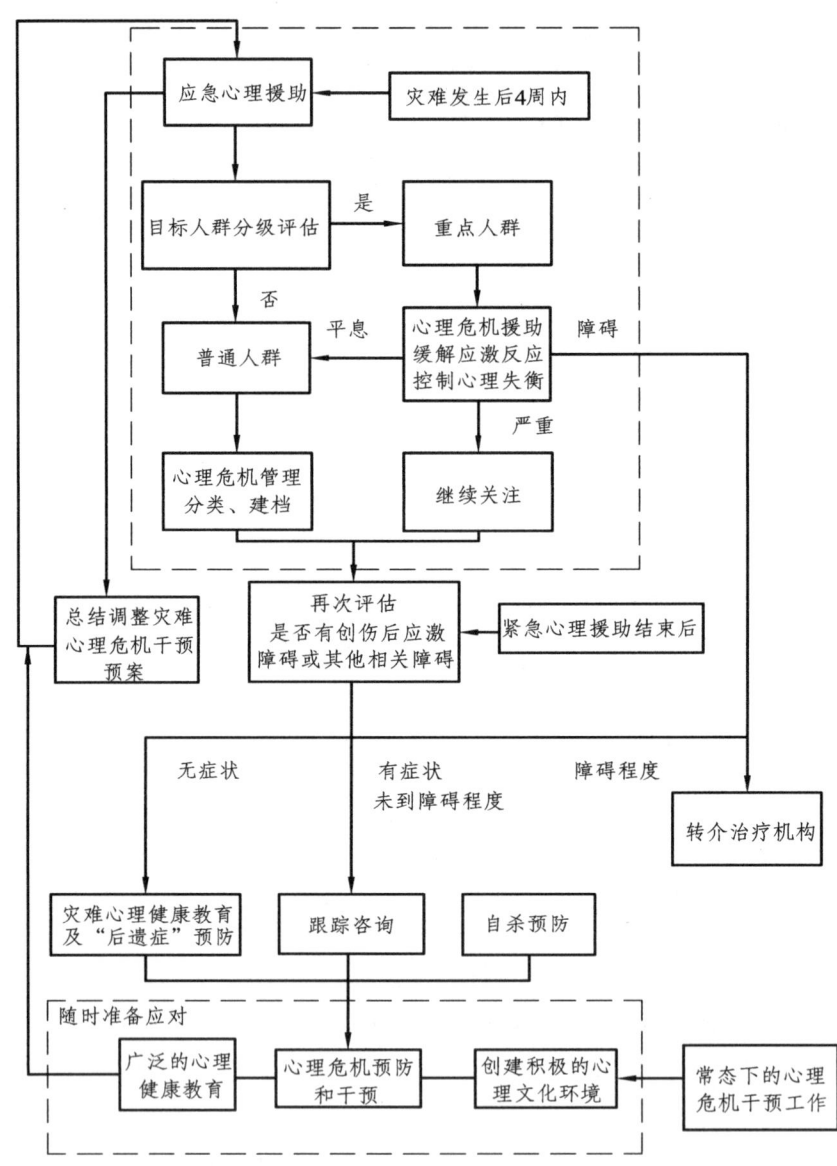

图9-1 非常规突发事件后的心理危机干预流程

第九章 非常规突发事件中的心理危机干预

问题 7：非常规突发事件后心理危机干预应注意哪些问题？

非常规突发事件心理危机干预工作是一项重要且复杂的工作，必须要按照一定的流程，依靠专业的力量来开展，才能够达到心理干预的目的，真正给受干预者以帮助。在进行心理危机干预中应该注意以下几个方面的问题。

第一，在不同干预阶段要求明确的工作目标。从求助者的角度出发，了解被干预者的具体状况，确定和理解心理创伤的问题。在这一过程中，救援者在与被干预者接触的过程中，要具有敏锐的观察力，能够具有较强的同理心，体察被救援者当时的心理状态，比如被干预者紧张、不安、悲痛、恐慌、犹豫、迟钝、自责等状况。根据了解到的受干预者的情况分析与判断受干预者是否具有自我调整的能力，区分不同的危机程度，采取不同的心理疏导方式。在这一阶段中，救助者的目标应该是和受干预者建立充分的信任感，尽量抚慰受干预者的不良情绪，获得受干预者更多的信息，为下一步的干预工作做好铺垫，这一阶段用到的心理技术主要是倾听、开放式的询问。

第二，保证受干预者的安全。这一阶段无论从生理上还是心理上都需要保证受干预者的安全。为受干预者提供基本的生活必需品，如帐篷、食品、衣服、水等。同时要注意他们的情绪反应，如悲哀、伤心、焦虑、愤怒、担心、情绪失控、麻木等情绪。对于未成年人，尽量提供给他们一个温馨的收容环境，给他们温暖的拥抱或安慰，让他们获得安全感。总之，在这一阶段要确保受干预者对自我和他人的生理、心理伤害降到最低。在这一阶段的救援工作中特别需要注意的是及时提供正确的信息给受干预者。人在灾难中或灾后的恐慌与焦虑、缺乏安全感，很多时候是因为信息闭塞或不正确的信息误导而导致的。因此，这个时候为受干预者提供可靠、正确的信息引导，不仅能够减轻他们的恐惧感而且更有助于破除谣言引起的信息误导和错误认知。

第三，给予社会支持。这一阶段救助者需要无条件地积极接纳所有受干预者，给予他们足够的关爱与重视。让他们感受到，灾难后的困境，并不是他们自己单独面对，参与灾难救援的工作者都是可靠的，都会积极无私地帮助与支持他们。在这一阶段心理救助者的干预目标强调与求助者的沟通和交流，使受干预者意识到救助者是完全值得信任的，是能够给予其关心和帮助的人。

第四，提出并验证变通的应对方式。在被干预者的情绪与精神状态逐渐稳定后，引导受干预者认识问题解决的多种方式和途径，为其提供可以解决问题的多种方法，启发其学会思考，做出恰当的改变行为与应对方式的选择，充分利用各方面的资源，采用积极应对方式去解决问题。这一阶段心理救助的主要目标是激发受干预对象的自身能量，学会改变固有的应对灾难与困难的方式，从而学会使用建设性的思维思考问题，最终确定能有效处理其境遇的适当选择。

第五，制订开始新生活的短期计划。救助者在前期干预的基础上，要与受干预者共同制定切实可行的短期生活目标，并且让受干预者感受到这些计划他是可以完成的，是他自己的计划，能够主动地去改变行为。通过做事情也可以来矫正受干预者情绪的失衡状态。在这一过程中，救助者往往起到辅助与监督的作用，合适的时候给予受干预者鼓励、提醒，帮助受干预者重拾对生活的希望，在行动上变得积极起来。

第六，做出自我承诺。在前一阶段的基础上，引导受干预者回顾有关计划和行动方案，并对明确按照计划行事做出保证。此时的自我承诺是完全建立在自愿的基础上，在这个计划的制订过程中，受干预者也参与其中，他们可以从自身角度出发，提出具有现实意义并能够完成的重要任务，在自我承诺与监督下积极改善自我行为。在这一系列的救助过程中，积极倾听、给予信息支持和实际的措施、无条件的积极关注、理解与耐心，使受干预者切实感觉到温暖，建立重新生活的希望，用较平和与积极的心态应对由灾难事件导致的心理上的孤立、无助和失控情绪。

第七，进行综合评估。这是非常规突发事件后心理危机干预的最后过程。随着时间的推移与心理干预工作效果的显现，受干预者已经具有了平静的心态与处理日常事务和生活的能力，就要考虑结束干预了。在结束干预前必须要对受干预者进行综合的评估。评估主要从受干预者的情绪状况、行为改变状况以及他的社会支持系统的改善、救助者的观察与判断、他人的评价等方面综合考虑。在干预工作结束后，受干预者也会有情绪的不稳定、行为的反复等状况出现，因此，还要注意密切地追踪与回访，确保心理危机干预工作效果的持续性。

问题 8：为什么非常规突发事件发生后的学校心理危机干预需要组织领导？

非常规突发事件发生后，学校在第一时间组织校内外力量迅速建立干预领导小组，预防或控制非常规突发事件带来的各种负面影响。成立危机干预领导小组，有利于组织、落实各项危机干预工作。干预领导小组成员应由学工部、教务处、研究生院、保卫处、后勤处、心理健康教育机构、院系学生工作组等组成。一旦危机发生或存在潜在的非常规突发事件，学校应立刻整合力量，根据非常规突发事件的性质进行应急处置。

成立危机干预领导小组，有利于健全和完善相关干预体系。目前，我国高校的心理危机预防干预体系已经初见成效。各校结合自身的实际情况，形成了"学校危机干预领导小组—心理中心—院系—班级—宿舍""学校—家庭—社会（专业医院）"等多种心理力量联动联通的预防干预体系，有效地保障了心理危机干预工作的顺利开展。

成立危机干预领导小组，有利于整合学校、家庭、社会的力量。在重大突发事件后，干预小组应深入了解学生家庭受影响的情况，及时建立非常规突发事件学生动态信息库，随时掌握学生家庭最新情况，形成家—校联动小组，并通过网络、电视、广播、微信公众号等媒体的作用，帮助学生了解非常规突发事件，重点介绍非常规突发事件的救助情况，以缓解学生紧张情绪。必要的时候，联合社区、专业精神科医院，形成网格化的保护网络，通过多种途径对学生进行物质和精神帮助。

问题 9：非常规突发事件后，学校心理危机干预工作如何有针对性地开展？

1. 与学生进行情感沟通，强化与疏导情绪

心理危机一方面与人的认知有关，一方面与人的应激性反应有关，不良的应激性反应会增强人的负性情感。所以，有必要对非常规突发事件心理危机进行情感干预。情感干预主要有情感沟通、强化正性情感与疏导负性情感，建立有效的沟通途径对大学生提供社会支持，这会帮助学生在不同程度上减轻心理危机、接受现实。情感沟通能够对危机学生起到有效的恢复作用。高校在遇到突发事件后，可以通过学生与亲人的情感沟通进行积极干预。在干预的过程中，需要针对事件评估情况制定干预计划，还要依据实际情况不断调整干预方案。要通过观察、交谈等方法了解干预效果，根据对大学生心理危机评估的实际情况及时调整干预方案，帮助大学生从突发事件后的情感重压中解脱出来，重新步入正常的心理轨道。个体在生存和发展的过程中，有多种适应方式，其中就有情感适应方式。情感能够激励人的活动意愿，提高人的活动效率。情感由正性情感和负性情感构成，正性情感有利于提高幸福感，而负性情感则会降低幸福感。一方面，认知和环境决定了情绪和情感；另一方面，情绪和情感对认知也有反作用。当以积极的态度面对一切事物，努力强化正性情感，就能避免出现不良的应激性反应。建构积极的情感模式和干预模式，面对突发事件时会变得更积极，从而降低负向反应。突发事件发生时，负性情感有所增强是必然存在的，特别是应激性情绪反应，很容易导致人们发生非理性行为。若负性情感得不到及时宣泄，对以后的工作和生活都会带来许多不利的影响和心理挫伤。

2. 促进学生积极参与社会活动，提高社会支持度

心理学上把人们通过社会联系获得的能减轻应激反应、缓解精神紧张、提高适应能力的各种影响称为社会支持，包括物质帮助、信息提供、情感支持等。这种社会支持可以来自家庭、亲友、同事、组织、媒体和政府，也可以是来自慈善团体和专业的心理援助机构。有效的社会支持既能保护当事人的身体健康，也能促进问题的解决。积极参加社会性活动，有助于社会支持系统的建立。

3. 重在预防，加强心理教育

对非常规突发事件，积极的认知与更健康的有效反应联系在一起；消极的认知与更无助、无效的反应联系在一起。心理危机总是与生活中遇到的困难、挫折和冲突有关，但不同的人对相同的危机事件会产生截然不同的心理反应。可见，心理危机出现的原因并不一定是非常规突发事件本身，而是个体对非常规突发事件的认知和评价。个体对事物的认知和评价的心理动力是自己的价值观，价值观通过认知影响情绪和行为，价值冲突才是真正的心理危机源。

根本的解决办法是重视预防性心理危机干预中的价值观教育与引导，引导学生形成一个与文化环境相协调的价值观念体系，增强他们在现实学习生活中应对潜在的以及即将产生的心理危机的免疫力。通过构建具有弹性的认知结构，在面对危机时就能减少认知冲突，缓解不良的心理影响。

问题 10：在心理危机干预工作中，常用的心理干预技术有哪些？

非常规突发事件的发生会给亲历者带来巨大的身心冲击，同时导致各种心理困扰和心理问题发生，比如说现实生活问题和情绪困扰问题，干预重点是处理当事人的情绪困扰。在非常规突发事件发生后心理危机干预过程中通常用到下面一些心理干预技术：

（1）放松技术。放松技术是一种辅助性快速心理救助技术。该技术主

要是降低受干预者心理受到强烈打击时出现的一些躯体障碍症状，也适用于救援者平时的身心健康训练。放松技术有很多种，如音乐放松、想象放松、呼吸放松、自我暗示放松等。

（2）角色扮演。通过角色扮演，换位思考，受干预者在不知不觉中进入角色，深深理解所扮演角色的想法，体会到其他人对自己能够好好生活的期望，以此作为调节消极情绪、继续生活下去的动力之一。

（3）空椅技术。此技术一般只需要一张椅子，把这张椅子放在来访者面前，假定他的重要客体（亲人、朋友或希望等）坐在/放在这张椅子上。来访者把自己内心想对他/她说却没说的话表达出来，从而使内心趋于平和。这个过程可以帮助来访者完成与重要客体的沟通或没有来得及的告别，以此宣泄来访者可能压抑的思念与哀伤，处理其内心的自责与歉疚。这一技术对于处理哀伤事件已经过去比较长的时间但当事者却难以走出哀伤情绪困扰的效果比较好。

（4）保险箱技术。保险箱技术是一种很容易学会的负面情绪处理技术，是靠想象方法来完成的。咨询师指导来访者将负面情绪放入想象中的容器里，即将创伤性材料"打包封存"，以实现个体正常心理功能的恢复。另一种做法是来访者将已失去的美好部分锁入想象的保险箱里，钥匙由其自己掌管，并且可以让他自己决定是否愿意以及何时打开保险箱的门，来重新触及那些记忆以及探讨相关事件。此方法可以在较短时间内缓解来访者的负面情绪。

（5）仪式活动。仪式活动通常代表一个活动的结束，同时开始新的活动。在非常规突发事件中，很多受干预者面临着众多的丧失，这时候需要进行哀伤辅导。在哀伤辅导中很重要的一个步骤是让当事人正视丧失现实，而且在心理上接受与丧失客体的分离。仪式活动，如追悼、写信、鞠躬、写回忆录等有利于来访者完成正常的分离，引导其开启新的生活。

（6）认知重建技术。认知理论认为，个体的思想和信念是情绪状态和行为表现的根本原因。认知重建法的着眼点是从来访者的认知问题出发，通过改变来访者对自己、对他人或对事物的看法与态度从而解决其心理问题。主要目标是帮助来访者找出他头脑中不现实的、不合理的错误，扭曲的观点、看法，帮助他建立理性地认识问题的思维方法，减少其扭曲的认知所造成的情绪困扰与不良的行为。认知重建有六个组成部分：

① 基本原理：该疗法的目的和概要。

② 在问题情境中识别求助者的非理性认知。

③ 引入和练习应对性思维。

④ 用应对性思维替代自我挫败思维。

⑤ 引入和练习积极的、自我强化的自我陈述。

⑥ 布置家庭作业及追踪。在实际的运用过程中需要理论联系实际，灵活处理相关问题。

需要注意的是，这些心理技术的运用，都需要受干预者情绪稳定，能够有行动力，愿意尝试做出改变时才可以运用。在危机干预的前期阶段，更主要的是给予受干预者足够的支持和关注、陪伴，尽可能满足受干预者的需求，让他们感受到安全感和生存下去的希望。慢慢稳定后，才会有以后的改变。

第十章

非常规突发事件应急心理管理与服务

【内容提要】

　　自然灾害、事故灾难、公共卫生事件、社会安全事件等突发事件不仅造成了重大的财产损失，还会不同程度地影响民众的身心健康。在这些重大突发事件发生之后，我们应该关注亲历者的自身心理建设，及时疏导负性情绪，提升心理健康素养，增强心理正能量，涵养积极向上的健康心态，助力塑造良好的社会心态，维护社会情绪的健康稳定。

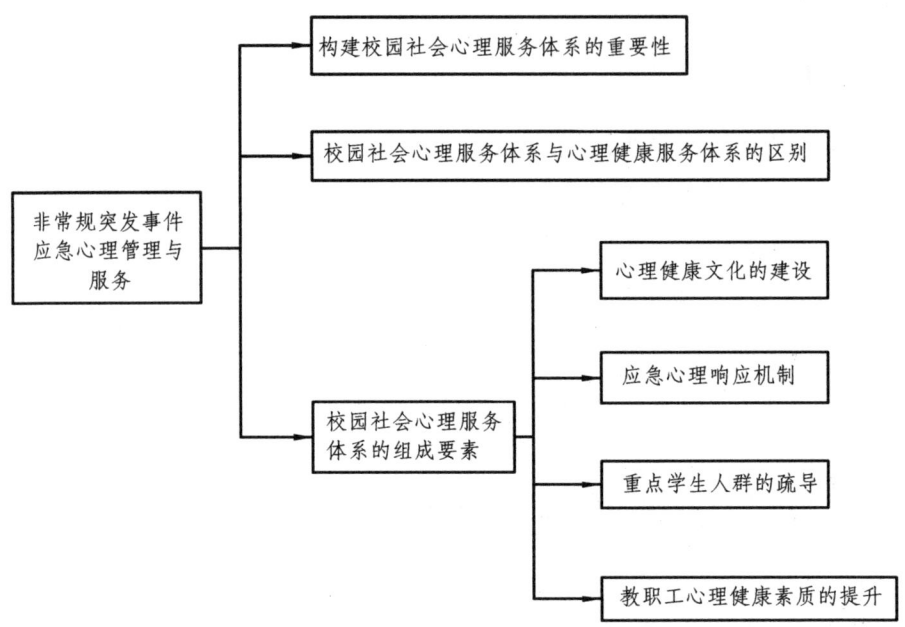

第十章 非常规突发事件应急心理管理与服务

【内容解答】

问题 1：校园需要社会心理建设、构建社会心理服务体系吗？

"没有全民健康，就没有全面小康"，"人民的获得感、幸福感、安全感都离不开健康"。以习近平同志为核心的党中央把全民健康作为全面建成小康社会的重要内涵，从维护全民健康和实现国家长远发展的角度出发，全面部署、持续推进健康中国战略。从十七大报告开始，党的历届全国代表大会报告中都提及"心理健康"；从国民经济和社会发展第十个五年计划纲要开始，历次的五年规划纲要提及心理健康、心理疏导、心理健康教育等词语。心理健康工作受到高度重视。

和以往的报告不同，十九大报告在"社会建设"部分提到了心理健康，提出"加强社会心理服务体系建设，培育自尊自信、理性平和、积极向上的社会心态"。这样的表述已经从最初个体层面的"心理疏导"拓展为群体层面的社会心理服务体系建设。二十大报告在第九部分"增进民生福祉，提高人民生活品质"中明确提出"重视心理健康和精神卫生"，以适应人民群众快速增长的心理健康和精神卫生需求。

在新形势下，校园心理建设和治理也面临着一些新的挑战。比如，学生中罹患焦虑症、抑郁症以及表现出心理行为问题的人数逐年增多，心理应激事件偶有发生。又比如，不少大学生遭遇"校园贷"、延迟毕业等困境。这些都需要及时疏导当事学生的心理，维护校园安全和稳定。同时，伴随着生活节奏的加快、工作压力的增加，高校教师的心理健康状况值得关注。个别教师暴露出的一些失范行为，与其心理失衡密切相关。鉴于当前的形势，应该重视校园心理建设，完善校园心理健康服务和社会心理服务体系，把高校建设成为安定团结的模范之地。社会心态的培育就是积极社会心态的养成、教育和引导，即将不良的社会心态转变为良好的社会心态的过程。

问题 2：校园社会心理服务体系与心理健康服务体系有什么不同？

人民的健康是民族昌盛、国家强盛的标志。党中央、国务院以及相关部委先后颁布《"健康中国 2030"规划纲要》《关于加强心理健康服务的指导意见》《关于充分发挥综治中心作用加强社会心理服务疏导和危机干预工作的若干意见》《全民健康生活方式行动方案（2017—2025 年）》《国务院关于实施健康中国行动的意见》《健康中国行动（2019—2030 年）》等重要的文件，精心进行顶层设计，统筹推进健康中国建设。在实践中，我们逐渐形成了两个心理建设的路径：一个是基于"社会心态"的社会心理服务脉络，另一个是基于"心理健康"的心理健康服务脉络。在这两个建设路径中，分别形成了社会心理服务体系和心理健康服务体系。这是完全不同的两套体系，建设的目标、内容都是不同的，如图 10-1 所示。社会心理服务体系和心理健康服务体系是国家推行心理建设的主要工作，其中，社会心理服务体系主要是在社会层面运用心理学方法解决社会治理问题，心理健康服务体系则是基于个体层面解决相关人员的心理健康困扰。

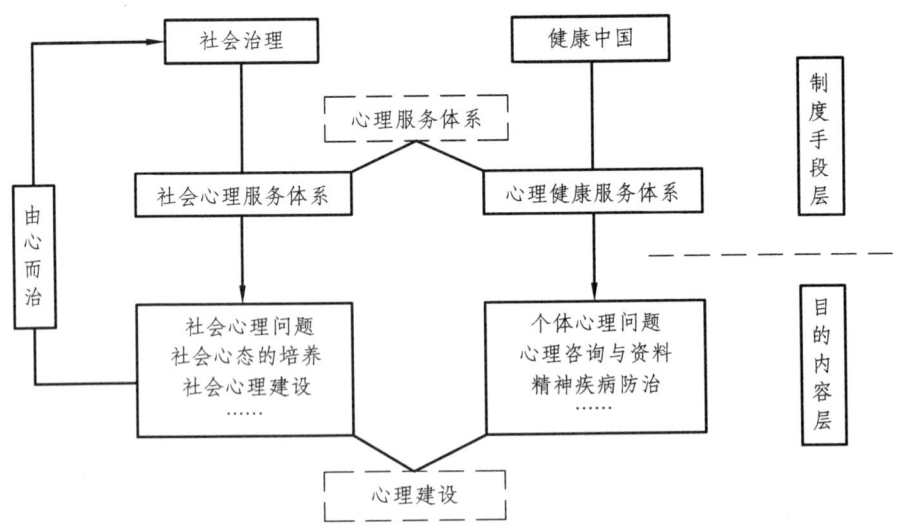

图 10-1　社会心理服务与心理健康服务体系的关系（辛自强，2020）

目前，不少学者认为，社会心理服务体系建设并不仅限于个体的心理健康，而是从社会治理和服务层面提出来的，是运用心理学方法和技术解决社会治理难题，是从社会心理的综合性视角提出的建设体系。这一体系"不仅仅包括心理健康服务，至少还应包括社会心态培育、共同体认同建设等相关主题，形成'大心理''大应用''大服务'的生态链"（吕小康，汪新建，2018）。由此，校园社会心理服务体系应该被理解为"校园社会心理的服务体系"，主要包括大学校园的社会心态培育、社会心理疏导、社会预期管理、社会治理中心理学策略的运用等，核心目的是校园心态的建设，培育师生自尊自信、理性平和、积极向上的社会心态，凝心聚力促进学校高质量发展。

心理健康服务体系是从个体心理建设层面出发，着眼于促进民众不良心理的疏导，增强民众的心理健康意识，提升心理健康水平。学校的心理健康服务体系虽然不同于心理健康教育，但却是以心理健康教育为主体，在服务对象上有所拓展，在工作方式上有所优化。具体来说就是以心理健康教育教师为核心的工作团队，遵循心理健康的特点和规律，向学生和教职员工提供不同层级的心理健康与心理保健服务，以及围绕该项工作的各种人财物的投入、教育培训、管理以及相应的制度建设等（俞国良，侯瑞鹤，2015）。根据服务目标和任务的不同，学校心理健康服务体系包括心理健康自评和他评系统、心理健康课程与教学系统、心理辅导与咨询服务系统，以及心理疾病预防与危机干预系统。学校心理健康服务体系旨在丰富师生心理健康知识，增强师生心理健康意识，提升师生的心理健康素质。

Q&A 问题3：校园社会心理服务体系应该包含哪些内容？

社会心理服务体系是一种社会治理体系（王俊秀，2019）。校园社会心理服务体系的建设是校园治理的重要组成部分，通过社会心态的培育和积极心理健康氛围的营造两个方面，增进校园的和谐稳定、安定团结。

从心理健康促进的角度，按照协同推进、共建共享的原则，从校园心理健康文化培育、师生心理健康素养提升、校园社会心态的实时监测、校园应急心理响应机制建设四个方面构建校园社会心理服务体系，及时疏导不良心理，涵养积极健康的心态，如图10-2所示。

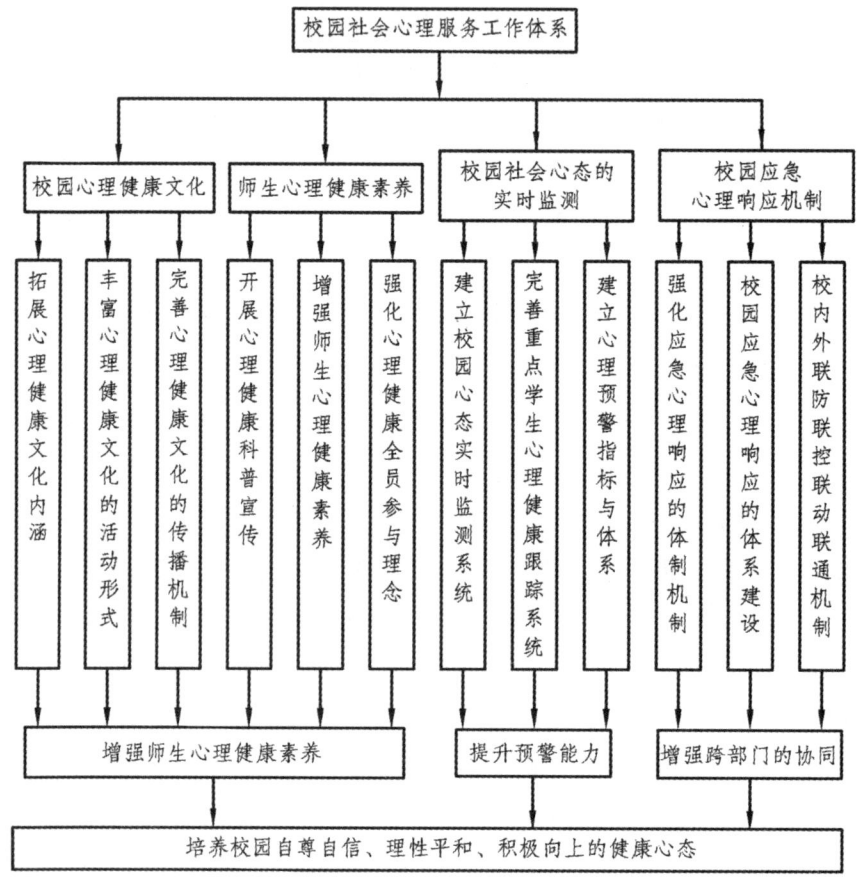

图10-2 校园社会心理服务的体系框架

问题4：为什么要积极培育校园心理健康文化？

建设积极的心理健康文化，应注重培育良好的心理健康氛围，增强师生健康促进的精神力量。主要原因有以下四个方面：一是国内很多学者的研究表明，受到社会刻板印象的影响，民众普遍对心理健康形成了明显的"病耻感"，对心理咨询及其相关的心理健康教育活动接受度低、参与度低。二是知行合一。有什么样的认知观念，就会有什么样的行为表现。在大学生群体中，认知评价因素是引起他们心理问题行为的最重要原因，特别是认知观念。要潜移默化地塑造对心理健康问题的正确认知，消融师生对心理健康的"污名化"倾向。三是随着我国经济社会的快速发展，生活节奏明显加快，心理应激因素日益增加，加之社会处于转型期，社会诉求多元化，多种社会性因素叠加，心理应激事件以及精神障碍患者肇事肇祸事件偶有发生。这需要我们对这些事件有正确的认识，尽力消除对心理问题的偏见和歧视。四是非常规突发事件容易让亲历者处于高度应激的状态，易发焦虑、抑郁等情绪以及心理问题行为。这就需要我们通过营造积极的心理健康文化，强化心理健康传播与普及工作，提升师生的心理健康素养。引导师生在非常规突发事件发生后主动寻求心理疏导。

为此，需要我们坚持社会主义核心价值观的引领，发掘中国优秀传统心理学思想，聚焦师生的心理健康需求，以文化人，以文育人，将中华优秀传统文化、革命文化、社会主义先进文化注入心理健康教育实践，增强师生的正能量，提高心理健康意识；积极塑造"3·25（善爱我）""5·25（我爱我）""9·25（久爱我）""12·25（珍爱我）"等心理健康文化品牌，树立对心理健康的正确认识，提高师生对心理健康的认同度；借助"10·10"（世界精神卫生日）等重要事件节点，不断创新心理健康文化的表现形式，完善心理健康文化传播机制，提高师生对焦虑症、抑郁症等常见精神障碍和心理行为问题的认知率和求医意识，提升师生的心理健康素养。通过以上四个方面的工作，提振师生的精气神，涵养积极的社会心态。

问题 5：为什么要提升师生心理健康素养？

心理健康素养（mental health literacy）是指民众认识、处理和预防心理疾病的相关知识和信念。从广义上来看，包括综合运用心理健康知识、技能和态度，保持和促进心理健康的能力。心理健康素养大致分为知识、技能和态度 3 个方面。具体来说，心理健康素养的知识因素包括心理健康基本知识与原理、心理疾病及其治疗、心身健康、积极心理健康、危机干预与自杀预防等，技能因素包括心理健康信息的获取、特定心理疾病的识别、心理急救、情绪调节等，态度因素包括心理疾病预防及治疗的态度、病耻感和心理求助的态度等。从这个意义来看，心理健康素养不同于心理健康素质。心理健康素质是一个人心理素质中主要影响心理健康的心理品质系统。学校开展心理健康教育的目的在于优先提升学生的心理健康素养。

"提高心理健康素养是提高全民心理健康水平最根本、最经济、最有效的措施之一"（国家卫健委，2019）。《健康中国行动（2019—2030）》中将居民心理健康素养水平列为"心理健康促进行动"的第一项结果性指标。从心理健康干预的实践来看，提升师生的心理健康素养，能够改善轻度、中度抑郁症患者的心理健康状况，提升心理健康水平。作为加强心理疾病预防和早期干预的手段，提升心理健康素养是维持和促进民众心理健康的有效途径。

师生既是校园社会心理服务体系的服务对象，也是这个体系的建设者。从学生的层面来说，应提升自身心理健康素养，增强自身心理健康的自助意识，还应该成为校园社会心理服务体系的建设者，积极组织、策划心理健康科普活动，创新心理健康活动形式，通过朋辈的视角传播心理健康理念，使更多的同学、同伴获益。从教师的层面来说，更应该增强教育的引导责任，发挥自己的主体地位。一方面要注意自身的心理状态，及时疏导自己的不良心理，在必要的时候主动求助专业的人士，避免因个人的一些不健康因素影响学生，甚至造成校园的不稳定；另一方面将提升心理健康素养与自己的实际工作相结合，在育人链条中渗透心理健康教育。只有树立师生全员参与的理念，树立"每个人是自己心理健康责任人"的意识，合力形成良好的社会心理生态系统，才能营造良好的社会心理氛围。

Q&A 问题 6：为什么要进行校园社会心态的实时监测？

社会心态是一段时间内弥散在整个社会或社会群体类别中的宏观社会

心境状态，是整个社会的情绪基调、社会共识和社会价值观念的总和。社会心态作为社会矛盾的"晴雨表和指示器"，需要积极地教育和引导。校园社会心态是限定在校园情境中的社会心态，具体表现在校园社会心理需求、校园社会道德和价值观、校园社会情绪、校园社会关系和矛盾等方面。校园社会心态容易受到很多因素的影响，也由此容易出现波动。这就需要采用大数据技术对校园社会心态实施实时监测。

同时，在中国社会文化背景中，民众对心理问题存在一定的"病耻感"和污名化倾向。这就使民众容易掩饰自身的心理问题。从不少有关心理求助行为的调查结果来看，当出现心理困扰时，人们往往先求诸自己，其次是亲人朋友，最后才是专业人士。这也间接证实了民众对自身心理问题的"掩饰"和有意识地回避。如果民众没有主动诉求的愿望，通过直接询问或心理测评是很难准确地掌握当事人的心理状态。因此，需要通过大数据分析技术，系统地整合校园网数据，实时捕获师生心理状态的变化。建立大数据实时监测体系，一是可以快速响应，及时疏导民众的不良心理。二是便于有的放矢地采取一些有针对性的举措，对症下药，因事为制，按需疏导，增加心理健康工作的实效。三是可以对一些不良的情绪或行为进行甄别，对潜在的心理危机或困境提前预警，将危机应对前置。

此外，还要重点关注学业预警学生、患病入校学生、遭遇重大丧失事件的学生、延迟毕业的学生、留守大学生、单亲家庭学生等群体。在日常的心理健康工作中，注重对这些学生建立社会支持体系，涵养学生自尊自信、理性平和、积极向上的健康心态。在遭遇非常规突发事件时，更应该注意这些人群的心理创伤叠加效应，防止新的心理创伤"扣动"原来的心理伤痛，导致个别学生出现极端行为或创伤加重的趋势。通过实时监测，可以及时了解这些群体的心理动向。一旦出现异常情况，符合心理危机预警指标要求，实时启动应急心理响应机制，开展应急处置，加强与学生家长联系，家校联动联通，及时化解学生的心理困扰。

问题 7：为什么要构建校园应急心理响应机制？

校园应急心理响应机制是由学校制定的针对各种突发公共事件而设立的心理应急处置方案。通过该方案的执行，尽量在"黄金时间"内快速减小突发事件对师生身心造成的影响，使应激心理波及的范围最小。同时，充分体现了"治未病"的理念。人在面临突发性事件时出现不同程度的焦虑、紧张、恐慌等负性情绪，甚至出现身体症状，都是正常的现象。但如果在一段时间后，这些负面的情绪、行为反应没有消解，心理没有得到疏导，就容易形成病理性症状或精神障碍。这就需要我们在突发事件发生后，第一时间进行心理援助与干预，汇集各方面的力量，快速处置，最大限度地维护师生的心理健康。

为了达成这一目的，需要形成由学校党委统一领导，党委学工部、心理健康教育机构、研究生院等部门、团委、工会等群团组织分工负责、制度健全、主体明确、资源整合、机制完善，学生、教师、家长以及社会力量共同参与的工作格局。良好的应急心理响应机制，可以调动一切力量和资源，积极开展应急心理援助和干预工作，重点引导非常规突发事件亲历者通过自我调节及时宣泄不良心理反应，从家庭、社区层面建设社会支持体系（家人、朋友的关心关怀，倾听内心感受，降低亲历者对心理困扰的过度聚焦，获得安慰、情感支持和鼓励；开通心理热线，提供心理咨询、团体辅导、心理沙龙等心理援助途径，引导亲历者主动求助专业力量，及时宣泄负性情绪，降低身心的过度反应，做好心理危机预警与干预）。

学校应重视心理健康服务力量的建设，依托心理健康教育专业机构、院系二级辅导站、工会"职工之家"、师生志愿者组织等校内机构，家庭、社区心理服务机构、专业精神科医院等校外机构，健全应急心理服务网络，由心理学专业人员、社会工作者、志愿者、社区工作人员、家人等组建一支应急心理服务队伍。完善和健全心理危机干预的相关制度，在必要的时候，确保涉事人员能够得到最大程度的关怀。同时，发挥家庭在疏导应急心理中的关键性作用。建立以家庭为核心的"家庭—社区—心理服务机构""家庭—学校—心理服务机构"等联动联通联防联控机制。利用家人的关

第十章 非常规突发事件应急心理管理与服务

怀和支持,及时化解亲历人员的心理危机,防范消极影响的进一步扩大。

校园应急心理响应机制还需要着重抓好四个方面的工作:应急心理预防体系、应急心理预警体系、应急心理疏导与干预体系、心理重建与评估体系。这四个方面应急处置工作的协同推进,能够增强校园应急心理响应的实效。如图10-3所示。

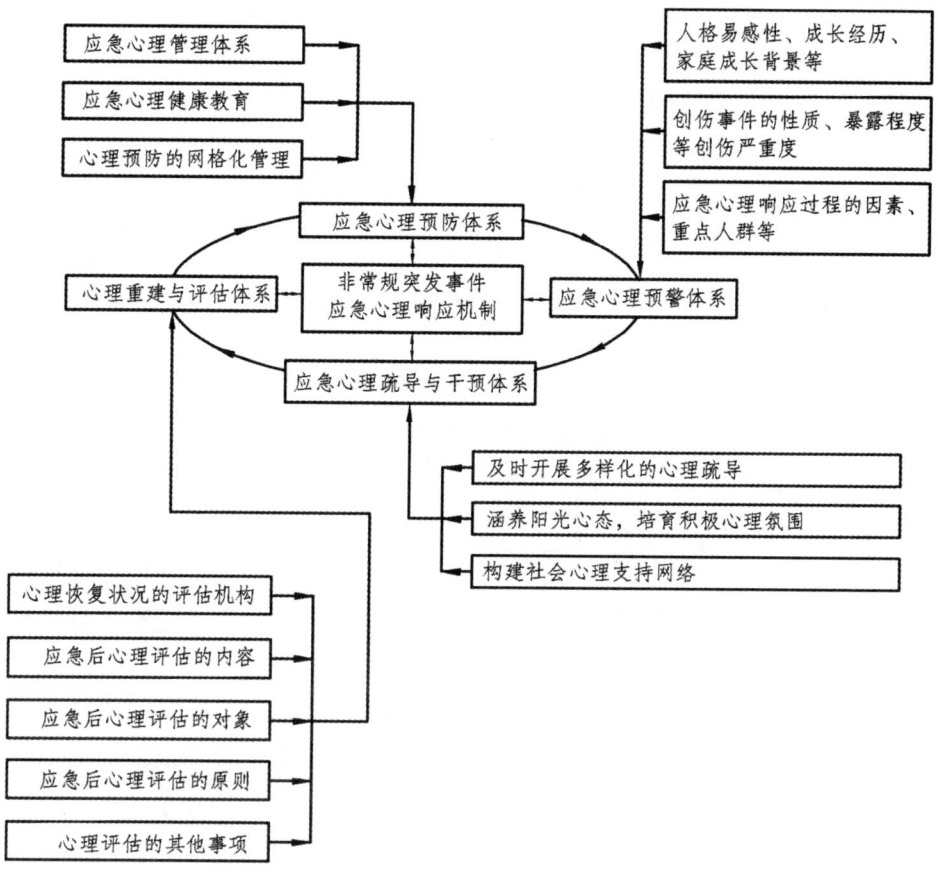

图 10-3 非常规突发事件应急心理响应机制

问题 8:如何建立应急心理预防体系?

"凡事预则立,不预则废。"建立和完善一套成熟的应急心理预防体系,强化方案的演练与运行，有助于提升预防体系的实效性。在2002年"非典"发生之后，国家推进"一案三制"为核心的应急管理体系的建设。其中，"一案"是指国家突发公共事件应急预案体系，"三制"是指国家应急管理的体制、机制和法制。相应地，各级各类学校也逐渐完善本校的应急管理体系。

学校应急管理应重点建设应急心理预防体系，包括应急预案、应急体制机制以及预警研判的机制等。不少研究已经表明，在法定的自然灾害、事故灾难、公共卫生事件、社会安全事件4类突发公共事件基础上，高校应结合校情，建立包含招生与就业类事件、群体性事件、心理问题类事件、学校安全及事故类事件、师德学风类事件在内的9类突发事件应急预案。在制定的应急预案中，学校及相关职能部处应该就突发事件的预防和准备、监测与预警、处置与救援、恢复与重建，以及应急管理的组织、指挥、保障等方面制定详尽的、具有可操作性的工作计划。

同时，利用网格化管理优势，精准识别不同人群的心理状况。对于学生群体，可以通过辅导员、班导师、班级心理委员、寝室室长、宿管人员等，了解学生（特别是罹患心理障碍的学生、曾经有创伤暴露史的学生）的心理状态、对突发事件的认知态度等；对于教师群体，可以通过学院工会、教研室等，掌握教师的心理状态以及认知态度。对于有异常言行的师生，可以推荐到学校心理咨询室寻求专业的帮助。针对不同群体的心理状态，学校应该实施分类引导，一类一策。对于突发事件的亲历者及其同伴应该及时开展心理疏导，消解突发事件带来的心理冲击。

最后，应急预案、应急体制机制以及预警研判的机制等都应该结合实际工作的需要适时进行调整和完善，简化流程，提高实效。及时总结实际执行过程中的经验，加强应急心理管理的组织机构和指挥体系建设，健全应急保障措施，确保应急心理处置及时有效。

问题9：如何建立应急心理预警体系？

建立应急心理预警体系，充分体现了"治未病"的理念，避免心理援助工作"重急救，轻预防"的倾向，防范应急事件的负面效应进一步扩大。

第十章　非常规突发事件应急心理管理与服务

为了使应急心理预警工作更有针对性，应重点从罹患应急心理障碍的潜在人群、突发事件的性质和暴露程度、心理应激响应的全过程三个方面完善心理危机的预警指标，构建立体综合、全员覆盖的预警体系。具体可以从以下三个方面开展工作。

一是关注突发事件后应急心理障碍的易感人群和重点关注人群，把握住导致这些人群出现心理危机的关键性因素。现有研究发现，因为人格因素、成长经历的不同等，部分民众对某些心理疾病存在易感性。同时，就突发事件暴露程度而言，应该重点关注亲历者、患者及其家属、病亡者家属、一线工作者（医护人员、公安民警、救援人员、新闻媒体记者等）以及特困老年人、低保人员、困境儿童等人群。要将价值观歪曲、心理安全感丧失、家族患病史、家庭功能不全、精神疾病患病史、既往突发事件经历史、内向偏执等心理因素纳入预警观测指标之中。总结梳理这些人群的共同心理特征及其变化规律。在此基础上，明确导致心理危机的关键性因素。

二是根据突发事件的类型和暴露程度，甄别出导致应急心理障碍的高危因素。突发事件的类型决定着师生受影响的程度；突发事件的暴露程度影响着师生的波及范围。要根据突发事件的类型，抓住应急心理障碍的高危致病因素，如当事人对事件的可接受程度、主观预期、回避问题的思维导向、情绪应对策略、不确定接纳程度等。同时，也要注意近年来师生深受影响的"校园贷"、考研就业、职称晋升、师生冲突处置不当等事件，精细化梳理直接诱发因素。按照暴露程度的不同，分类引导，重点做好高暴露人员的心理危机预防工作，积极做好高暴露人员及其家属的心理疏导工作，降低低暴露民众的"替代性创伤"风险，主动管控好事件相关信息的传播和扩散，防止发生"次生心理创伤"。

三是把握心理应急响应的全过程，分阶段梳理诱发心理危机的重要因素。重点把握好心理冲击阶段，准确把握突发事件后师生害怕、焦虑、不安、恐慌、恐惧等不良情绪的变化，评估个体多元化情绪纾解的方法及其调适能力；理清表现出的非理性认知，抓住信谣传谣的关键性因素；注意负性情绪的情感强度及其感染性。在心理恢复阶段，摸清师生的社会支状况。梳理师生心理支持的需求点,了解师生对情感支持、物质支持、保障支持的获得感;评估师生对突发事件产生的无助感、无力感、无望感,重视师生的自杀意念以及实施行为。在心理重建阶段,了解师生对心理问题的应对方式及其能力。引导并建立解决问题的思维导向,了解师生愿意解决、主动解决的意识,评估师生解决问题的自信心。

问题10:如何建立应急心理疏导与干预体系?

在突发事件应急管理中,需要整合多方力量,整体部署,协同推进,夯实应急心理疏导与干预的常态化工作,着重从五个方面构建符合国情校情、切合师生心理特征、彰显中国特色的心理疏导与危机干预联动联通联防联控体系。

一是主动开展多元化心理疏导方法,增强师生信心。突发事件后第一时间出现的负性情绪以及躯体症状,大多都是我们对突发事件的过度反应。我们第一时间需要做的就是及时缓解情绪反应强度,主动通过权威信息发布途径了解突发事件的信息,主动普及与突发事件相关的健康知识,解疑释惑,及时纠正自身知识的不足和歪曲的认知,坚定战胜困难的信心和决心。

可以采取以下心理疏导服务形式:①开通心理援助热线。按照应急心理管理的统一要求开设符合规定的心理援助热线。如没有条件建立热线,可以借助教育部华中师范大学心理援助热线平台、教育部华东师范大学心理援助热线平台。②组织人员编辑出版心理防护与心理疏导科普图书。针对突发事件的类型及其特点,组织专业人员编写相关科普图书,通过电子书、微信等形式推送。③建设心理疏导在线课程。着重就"应急心理响应""常见应急心理特征""心理危机处置"等专题,制作系列心理科普和技能培训视频课程。④开设面向心理志愿者、朋辈的心理疏导、危机干预技能系列培训课程。通过这些培训,尽可能普及应急心理的知识,扩充心理援助队伍,提升他们的专业水平,确保科学有效地开展心理疏导工作,避免突发事件后出现"次生心理伤害"以及因延误而导致的应激状态加重的现象。⑤通过校园报纸、杂志、电视台、电台、自媒体平台上发布心理调适方面的科普文章。通过以上途径开展心理疏导工作，及时化解师生焦虑和恐慌情绪，舒缓他们的负性情绪。

二是主动涵养阳光心态，培育积极向上的心理氛围，提振精气神。突发事件发生的突发性、事后不确定性因素较多、当事人处于应激状态等因素叠加，不仅对师生的社会生活造成强烈的冲击，也容易在师生中诱发不同程度的焦虑、紧张、恐慌等负面情绪，增加了维护校园社会心理稳定、应急心理治理的难度。实践证明，在第一时间稳定师生的社会情绪是十分必要的。我们可以通过正面信息的传导，积极情绪的感染，摈除对心理疾患的"污名化"，强化信息传播的权威性，增强社会信任感，为亲历者、患者及其家属、同寝室（同班）同学、病亡者家属、一线工作者（医护人员、公安民警、救援人员等）等重点人群营造积极向上的心理健康氛围，积极进行价值引导，振奋精气神。

同时，在这个阶段应该加强应急状态下的舆情管理。突发事件发生后，对政府部门、官员、公众人物等涉事主体的不利报道、质疑性话题甚或网络谣言有时会集中出现，给涉事群体造成巨大舆论压力，给师生心理造成巨大负面影响，极易出现次生的群体性事件。要解决好这一问题，关键是要做好突发事件的信息发布工作，及时公布事件真相和处置情况，实现信息有效传播，争取师生的理解和支持，掌控校园舆论导向，促进事件妥善处置。

三是积极为突发事件的亲历者构建社会心理支持网络，凝聚民心，维护校园稳定。在应急心理响应的阶段，学校、家庭、精神专科医院应该为师生提供社会心理支持，在师生群体中积极发挥朋辈支持的作用，增强师生的获得感、安全感和幸福感。

四是学校应对应激易感性师生，及时提供心理疏导。在心理应激响应阶段，提供多元化的心理疏导策略，及时宣泄负性情绪，降低负性情绪的感染强度，促进情绪稳定。积极做好舆论引导，及时提供权威信息，扩大信息接收渠道，避免听信传言谣言，以典型的感人事迹增强心理正能量。及时普及心理健康科学知识，引导这部分师生正确理性看待困难，增强从正面角度看待问题的自觉性，增强解决问题的信心决心。提供朋辈支持，通过聊天、共同生活等方式，避免将应激状态"个体化""特殊化"，避免极端化的想法和行为发生。

五是根据应急心理在不同阶段的变化特点，一段一策，建立和完善心理健康教育、心理热线服务、心理评估、心理咨询、心理治疗等衔接递进、联动联通、联防联控的心理危机援助和干预模式。家庭—社会—心理健康服务机构协同提供社会支持。积极吸纳专业人士参与，充分利用心理咨询、团体辅导、心理援助热线、心理训练等方式，联系广大社工、义工和志愿者，持续地提供情感支持、保障支持等服务，多途径开展心理援助工作，提升师生的心理自助能力。同时，将心理困扰的解决与现实问题结合起来，尽力从源头上解决好师生的后顾之忧，助推化解师生心理困惑，防止心理问题的累积。在必要的时候，学校可以通过学校—医院的"绿色通道"，向精神专科医院转介，学校做好后续的配合性心理支持服务。

问题 11：如何完善应急心理重建与评估体系？

突发事件后心理重建的目标是亲历者的身心状态能够恢复到事件发生之前的水平，甚至更好的状态（心理复原），并能从中获得意义和自我成长。

在事件发生前、中、后及时开展心理评估是应急心理管理最重要的基础性工作。在突发事件发生后的一段时间，对亲历者心理状态的恢复情况进行评估也是应急心理管理的重要内容。通过这一阶段的评估，可以掌握应急心理管理的效果、当事人（群）心理健康状况的恢复情况，也可以为未来后续的心理重建工作提供方向。

在心理评估过程中，应该重点把握以下五个方面的工作：

一是建立心理恢复状况评估机构。可以通过学校心理健康教育机构，或者第三方社会组织和行业学会组织开展评估，确保评估工作的专业性、客观性、公益性。

二是明确心理评估的内容。心理评估的内容既要注重心理健康方面，也要注意师生个人成长方面的情况。这就包括焦虑、抑郁等情绪状态，失眠、梦游等异常睡眠行为，个人对突发事件的意义感以及个人成长。既可以选用标准化的测量工具，也可以选择非量化的资料，整体评估师生的心理状态。

三是主要从个体和群体两个层面展开评估。在个体层面，重点关注师生心理健康状况和社会功能的恢复情况，可以采用症状自评量表（SCL-90）、一般健康问卷（大学生版）等工具。在群体层面，关注整个校园社会心态的变化情况，具体包括社会认知、社会情绪等，可以参考王俊秀等人开发的调查问卷。

四是评估工作要注意过程性和结果性。既要注意在应急心理建设过程中师生心理状态的变化，也要注意在心理建设后师生的心理健康状态。要注意结合量与质，综合进行研判。

五是心理评估中也要及时总结成功经验和现实存在的问题。一方面可以优化校园应急心理服务工作，另一方面为制定下一步的工作提供参考依据。

附录：心理服务热线推荐（2022年）

启明星榜丨（心理热线）			专业可靠的心理服务热线推荐（2022年）		
序号	地区	热线名称	热线号码	热线工作时间	依托机构	上榜情况
1	北京市	北京12355青少年心理与法律服务热线	010-12355转3	9:00—17:00（法定节假日除外）	北京青年压力管理服务中心	连续两次
2		北京市心理援助热线	8008101117 82951332	24小时	北京回龙观医院	连续两次
3		晨帆心理热线	010-86460770	9:00—21:00（法定节假日除外）	北京晨帆咨询有限公司 北京市妇女联合会	连续两次
4		大兴区心理援助热线	010-61214314 010-61214284	24小时	北京市大兴区心康医院	连续两次
5		红枫妇女热线	010-68333388	周一至周五 9:00—17:00	北京红枫妇女心理咨询服务中心 北京枫彩心理咨询服务中心	连续两次
6		联爱护心心理援助热线	400-8510-525转3	9:00—21:00	大儒心理咨询发展有限公司 北京新阳光慈善基金会 阿里巴巴公益	连续两次
7		清华幸福公益心理服务热线	400-0100-525	10:00—22:00（部分专线24小时）	清华大学心理学系 北京幸福公益基金会	连续两次
8		中国科学院大学启明灯心理热线	400-6525-580	24小时	中国科学院大学	连续两次
9		中国灾害防御协会心理援助热线	4006506208	9:00—21:00	中国灾害防御协会	首次

附录：心理服务热线推荐（2022年）

续表

序号	地区	热线名称	热线号码	热线工作时间	依托机构	上榜情况
10	天津市	天津市心理援助热线	022-88188858	24小时	天津市安定医院	首次
11	河北省	整合"心战疫"	0311-85959869	8:30—20:30	石家庄市教育局 石家庄整合心理咨询中心	首次
12	内蒙古自治区	内蒙古自治区12320-5心理援助热线	0471-12320转5	24小时	内蒙古自治区精神卫生中心	连续两次
13	吉林省	吉林省神经精神病医院心理援助热线	0434-5079510	24小时	吉林省神经精神病医院	首次
14	上海市	教育部华东师范大学心理援助热线平台	4006591888 4006637888	8:00—22:00	华东师范大学、中国心理学会临床心理学注册工作委员会、上海市应用心理专业学位研究生教育指导委员会	首次
15		上海市心理热线	021-962525	24小时	上海市精神卫生中心	首次
16	江苏省	江苏省心理危机干预热线 江苏省南京市12320心理热线	025-83712977 025-12320转5	24小时	南京脑科医院	连续两次
17		"苏老师"热线	0512-65202000	9:00—21:00（法定节假日除外）	苏州市未成年人健康成长指导中心	连续两次
18		陶老师热线	025-96111	24小时	南京晓庄学院	连续两次
19	浙江省	温州医科大学附属康宁医院心理危机干预热线	400-800-9585	24小时	温州医科大学附属康宁医院	连续两次
20		乐清市人民医院公益心理咨询热线	0577-62061616	8:00—22:00	乐清市人民医院 乐清市社会心理服务指导中心	首次
21	河南省	安阳市法学会社会心理服务体系建设研究会心理援助热线	0372-2373300	周一至周五 9:00—21:00	安阳市法学会社会心理服务体系建设研究会	连续两次

续表

序号	地区	热线名称	热线号码	热线工作时间	依托机构	上榜情况
22	河南省	奇才心理热线	0371-86169595（白班）0371-22993442（晚班）	白班：9:00—12:00 14:00—18:00 晚班：19:00—23:00	郑州雨露心理咨询有限公司	连续两次
23	湖北省	教育部华中师范大学心理援助热线	（+86）1067440033（+86）4009678920	8:00—24:00	华中师范大学心理学院	连续两次
24		武汉市"心心语"心理援助热线	027-85844666 027-12320-1-2	24小时	武汉市精神卫生中心（武汉市心理医院）	首次
25	湖南省	湖南心晴公益心理援助热线	4008785525	工作日：19:00—22:00 周末：14:30—17:30 19:00—22:00	湖南省心理学会临床与咨询心理学专委会，湖南省社科联湖南中医药大学心理咨询技能培训科普基地	首次
26	广东省	汕头市24小时心理援助热线	0754-87271333	24小时	汕头大学精神卫生中心	连续两次
27		珠海市心理援助热线	0756-8120120	24小时	珠海市慢性病防治中心（珠海市第三人民医院）	连续两次
28	云南省	玉溪市12355青少年服务台	0877-12355	工作日：12:00—20:00 周末：10:00—20:00（法定节假日除外）	玉溪市华怡心理咨询有限公司	首次
29	甘肃省	兰州市心理援助热线	0931-4638858 0931-12320-5-1	24小时	兰州市第三人民医院	连续两次

参考文献

[1] 宁维卫. 灾难心理学[M]. 成都：西南交通大学出版社，2011.

[2] 钱铭怡，高隽，吴艳红，等. 地震后长期心理援助模式的探索"壹基金—北大童心康复项目"一年回顾与思考[J]. 中国心理卫生杂志，2011，25（8）.

[3] 黄超. 新形势下高校突发事件危机管理模式浅析[J]. 黑龙江教育，2019，9.

[4] 林伟. 高校突发事件危机管理模式研究[J]. 教育教学论坛，2018（32）.

[5] 韩秋颖. 重大突发事件大学生心理危机干预研究[J]. 中国成人教育，2010（16）.

[6] 赵金波，佟玉英，谢念湘. 高校突发事件危机管理的心理干预机制构建[J]. 黑龙江教育：高教研究与评估，2010（9）.

[7] 国务院. 国家突发公共事件总体应急预案[J]. 中国中医基础医学杂志，2006，12（4S）.

[8] 孙宏伟，陈晓丽，王艳郁，等. 我国突发公共卫生事件心理危机干预体系的构建[J]. 中国卫生应急电子杂志，2018，6（4）.

[9] 刘正奎，刘悦，王日出，等. 突发人为灾难后的心理危机干预与援助[J]. 中国科学院院刊，2017，32（2）.

[10] 朱迪斯·赫尔曼. 创伤与复原[M]. 施宏达，等，译. 北京：机械工业出版社，2018.

[11] 阴山燕，康瑛，张丽萍，等. 我国灾难心理卫生服务体系的构建初探[J]. 现代预防医学，2011，38（1）.

[12] 黄锡榜. 高校突发事件下学生群体心理危机干预的效果研究[J]. 黑龙江高教研究，2013（7）.

[13] 宁维卫. 做阳光青年：心理健康导航[M]. 成都：西南交通大学出版社，2015.

[14] 西南大学新学工创新中心课题组. 新冠肺炎疫情对青年大学生影响研究——基于全国45所高校19850名大学生的实证调查[J]. 中国青年研究，2020（4）.

[15] 罗瑞奎. 新冠肺炎疫情期间社交隔离与亲子冲突的关系[J]. 温州职业技术学院学报，2020（9）.

[16] 邹杨，李跃文，曹问，等. 新冠疫情期间学生在线学习效果调查研究——以重庆第二师范学院为例[J]. 重庆第二师范学院学报，2020（9）.

[17] 漆俊杰. 新冠肺炎疫情期间大学生与家人相处情况探讨[J]. 心理月刊，2020（15）.

[18] 韩智勇，翁文国，张维，等. 重大研究计划"非常规突发事件应急管理研究"的科学背景、目标与组织管理[J]. 中国科学基金，2009（4）.

[19] 张沙沙. 非常规突发事件情景下民众恐慌情绪的影响因素研究[D]. 秦皇岛：燕山大学，2015.

[20] 袁克非，石佳艳，彭李缘，等. 应激反应与糖尿病关系的研究进展[J]. 四川大学学报（医学版），2021，52（1）.

[21] 周云，张山. 疫情下青少年创伤后心理应激反应及干预策略[J]. 科学大众：科学教育，2021（2）.

[22] 付芳，伍新春，臧伟伟，等. 自然灾难后不同阶段的心理干预[J]. 华南师范大学学报（社会科学版），2009（3）.

[23] Cohen R, Culp C, Genser S. Human Problems in Major Disasters：A Training Curriculum for Emergency Medical Personnel[M]. Washington D C：US Government Printing Office，1987.

[24] 王磊磊，黄钰，刘先树. 地震后心理创伤干预策略[J]. 科技风，2008（21）.

[25] 施剑飞，骆宏. 心理危机干预实用指导手册[M]. 宁波：宁波出版社，2016.

[26] 杨玲，文鹏，刘文鑫. 新冠肺炎疫情下如何尽早识别学生群体的应激反应[J]. 教育家，2020（8）.

[27] 魏传亭，赵伟英. 交通事故创伤患者的心理特点及护理对策[J]. 中国民政医学杂志，2001（5）.

[28] 姜莹莹，李红玉，张涛. 灾害救援医务人员心理反应及相关因素[J]. 护理研究：上旬版，2011（4）.

[29] 袁晓娇，陈秋燕. 疫情之下学生心理应激反应及其应对[J]. 教育家，2020（8）.

[30] 赵静波，范方. 疫情心理援助与典型案例剖析[J]. 华南师范大学学报：社会科学版，2020（3）.

[31] 翁文淬. 高校开学后应对新冠肺炎疫情的对策建议[J]. 开封文化艺术职业学院学报，2020，40（5）.

[32] 万春，韦晓，王玉娇. 新冠肺炎疫情对高校学生的事件影响及其应对方式的调查[J]. 六盘水师范学院学报，2020（2）.

[33] 唐翠宁，庞小佳，谢晓欣. 疫情下大学生的心理应激反应及其干预机制的研究[J]. 科技视界，2020（32）.

[34] 张一文，齐佳音，方滨兴，等. 非常规突发事件及其社会影响分析——基于引致因素耦合协调度模型[J]. 运筹与管理，2012，21（4）.

[35] 刘旭东，孙耀. 新时期高校大学生突发事件的原因与应对策略研究[J]. 天津中德应用技术大学学报，2018，2.

[36] 孔银生，李娜. 高校突发事件发生的原因及对策分析[J]. 赤峰学院学报（自然科学版），2014，30（11）.

[37] 贾国斌. 关于依法处置高校突发事件的思考[J]. 齐鲁师范学院学报，2013，28（4）.